珠海红星村口述史

一个南海边陲工业化村庄的变迁

万向东 ◆ 主　编

陈曦　姚楠　何斯华 ◆ 副主编

中山大学出版社
·广州·

版权所有 翻印必究

图书在版编目（CIP）数据

珠海红星村口述史：一个南海边陲工业化村庄的变迁／万向东主编． —广州：中山大学出版社，2019.12
ISBN 978-7-306-06763-0

Ⅰ.①珠… Ⅱ.①万… Ⅲ.①村史—珠海 Ⅳ.①K296.55

中国版本图书馆 CIP 数据核字（2019）第 252168 号

出 版 人：	王天琪
策划编辑：	嵇春霞
责任编辑：	苏深梅
封面设计：	刘 犇
责任校对：	潘惠虹
责任技编：	何雅涛
出版发行：	中山大学出版社
电　　话：	编辑部 020-84111996，84113349，84111997，84110779
	发行部 020-84111998，84111981，84111160
地　　址：	广州市新港西路135号
邮　　编：	510275　　传　　真：020-84036565
网　　址：	http://www.zsup.com.cn　E-mail：zdcbs@mail.sysu.edu.cn
印 刷 者：	广州一龙印刷有限公司
规　　格：	880mm×1230mm　1/32　8.125 印张　218 千字
版次印次：	2019 年 12 月第 1 版　2019 年 12 月第 1 次印刷
定　　价：	46.00 元

如发现本书因印装质量影响阅读，请与出版社发行部联系调换

中共珠海市金湾区委政法委员会社会治理创新专项资金"农村社会工作试点项目"——"红星村社区营造项目"之社区文化行动成果

2015年国家社会科学基金重大项目"基于大型调查数据基础上的中国城镇社区结构异质性及其基层治理研究"（项目号15ZDB172）成果之一

主　编：万向东
副主编：陈　曦　姚　楠　何斯华

"珠海红星村口述史"项目组

督　导：张和清
统　筹：万向东（兼督导）
采　编：姚　楠　何斯华
社区文化行动：陈　曦　徐文法　朱超红
　　　　　　　吴　萍　符丽君　张　怡
顾　问：王定一　曾国昌
口述者：王定一　吴楚芳　吴华发　罗添福
　　　　李富平　何沛良　何华林　何国荣
　　　　郑秋相　刘国英　陆瑞文　李锦月
　　　　曾彩群　彭秀定　李太适　吴祥发
　　　　罗来有　何国雄　曾福亮

讲述、记录自己村里的故事

邀请、发动大家讲故事，写村史，
是说出并记录我们村和我们自己的故事——
我的出生、成长和奋斗、发展，还有人生的体验。
我的家族祖先的传说：迁徙，开垦，开枝散叶，发展壮大。
我家的家风、家规和家教。
我的父母、兄弟姐妹、伴侣、子女的亲情和互助。
我的邻居、发小、同学、好友的感情和友谊。
我的村庄经济、社会、生活、建筑、空间的变迁发展。
我的漂泊和迁移、打工和创业、艰辛和快乐。
我的耕耘、劳作，落脚生根，他乡变故乡。

让我们回忆，
让我们讲述，
让我们互相印证，
让我们彼此分享，
让我们记录，
让我们传承，
让我们同乐同笑，同感受，同欣慰，同展望，
让我们团结互助，守望与共，共建、共享自己的美好家园，
让我们的社区更美好！

万向东
2018 年 1 月 1 日

了解历史，留住乡情

随着时间的推移、社会的发展、村庄的面貌巨变，越来越多的人远离家乡外出发展，对家乡的印象越来越淡。儿时的玩处、旧时的味道已一去不复返。《珠海红星村口述史》的资料收集、编辑和撰写，使红星村的村民和在本村居住的外地人对本村的历史、人文、发展过程，有了较为完整、具体的认识。这对老一辈的人来说，是重拾记忆；对年轻人来说，是了解过去，更多的是对将来发展的思考。

编撰口述史，是一件惠及村民的好事。好多老一辈的人对本村的起源、传统习俗、以前的生活状况、创业经过等的描述，都是年轻村民不曾听说过的，是很珍贵的材料，必须保存下来并世代相传。

村委会近年来处理的村民之间的争议和纠纷越来越多。随着社会的发展，人与人之间人情味、乡情味渐淡，利益计算之心渐浓。怎样使村民和谐共处，增强村民间的凝聚力，是村务工作的重点和难点之一。乡情，是可以将村民联系在一起的重要纽带。翻看村庄口述史，可以体验到悠久的历史传统和浓厚的社区邻里亲情，使人有一种温暖的感觉。只要人与人之间靠得更近，心中留存一份乡情，邻里街坊之间的关系将会更为亲密，那种过分计较的利欲之心应能有所淡化。

正所谓记得住乡愁，留得住乡情。

珠海市三灶镇鱼林村村民委员会
2018 年 10 月 8 日

绿耕社工在红星　共建村落美好记忆

2015年8月,几个"大学生"住进红星村,每天走街串巷,与村里老人聊天,一起劳动,也经常在村里举办社区活动,一起修缮众爱社区厨房、粮仓。其实,他们是广东绿耕社会工作发展中心的社会工作者,是社工!

绿耕社工来到红星村后,我们的村子发生了许多变化:村民之间的交流和沟通多了,本地村民和外地村民成了朋友,村子越来越有人情味了,村民参与社区活动的积极性提高了,村里多了村民聚会和活动的公共空间——众爱社区厨房……绿耕社工组织的手工活动、文艺晚会都深受村民喜爱,每周定期的血压测量、电影播放、社区KTV活动都给村民带来了切实的帮助和支持。

特别是2017年绿耕社工和中山大学开展的口述村史项目,绿耕社工和历史学者、社会学者深度采访了18位村民,并组织了口述史集体座谈会,和我们共同回忆了红星村的历史发展和变迁。口述村史,让我们共同回忆了旧时村落的样貌、儿时伙伴们的有趣故事,让我们得以倾听老人家讲述那些关于逃难、饥荒的艰辛经历,从而对红星村、对长辈有了更多的认识和理解。本地人、外地人以及代耕农之间也有了更多的联结和沟通。讲述、记录村史,必将让珍贵的历史故事重新被更多人知晓,唤起村民的"红星情",重新拉近村民之间的关系,培养浓厚、温暖的社区亲情。

两年多来,绿耕社工做了许多惠及红星村的好事,与村民同吃、同住、同劳动,活跃村里的生活气氛,慰问村里的困难村民,关心村里的长者,等等。绿耕社工所付出的,我们都看在眼里,感动在心里。

我们会继续与绿耕社工合作，共同推动红星村项目的开展，希望红星村的明天会更好！

鱼林村红星村民小组

2018 年 10 月 9 日

目 录

绪 论 …………………………………………………… 1
  一、中国农村社区的宏观背景 …………………………… 1
  二、红星村社区变迁的主要特点 ………………………… 2
  三、红星村"农村社会工作试点项目"的基本任务 …… 5
  四、《珠海红星村口述史》的社区意义和编撰方式 …… 6
  五、《珠海红星村口述史》的议题设计 ………………… 10
  六、《珠海红星村口述史》编撰的工作原则 …………… 11
  七、《珠海红星村口述史》编撰工作参与人员 ………… 12

第一章 古往今来话红星——历史沿革 …………… 14
  一、地理位置、人口与自然环境 ………………………… 14
  二、红星村上属的行政管辖沿革 ………………………… 19
  三、人口迁移 ……………………………………………… 32

第二章 起源与传说——被遗忘的明清与民国时期 … 35
  一、三灶煮盐业与六灶名称的由来 ……………………… 35
  二、祖先迁入与六灶村的发展 …………………………… 46

第三章 从日本侵略军烧村、逃难到返村 ………… 49
  一、三灶岛及六灶村抗日战争前后的历史概况 ………… 49
  二、日本侵略军焚村与村民逃难 ………………………… 52
  三、《何氏族谱》的相关记载 …………………………… 56
  四、"火烧寮"与迁村 …………………………………… 59
  五、一些人物和事件 ……………………………………… 67

第四章　从"土改"到集体化：一个动荡的时代 ·············· 80
一、从"土改"到农业合作化（1950—1958 年）·········· 81
二、公社化、"大跃进"、大集体（1958—1962 年）······ 87
三、生产队阶段（1962—1979 年）···················· 98
四、20 世纪 70 年代的农业生产与生活 ················ 110
五、鱼林大队办的企业 ································ 129
六、红星村的公共设施 ································ 131
七、1949—1979 年的一些人物和事件 ················ 136

第五章　从分田到户开始的改革年代 ······················· 143
一、农业改革——土地联产承包责任制 ················ 143
二、20 世纪 80 年代的经济和土地测量 ················ 151
三、代耕农的故事 ···································· 154
四、1980 年以后的一些人物和事件 ···················· 168

第六章　工业化与城镇化变迁中的村庄 ···················· 175
一、敢吃这只"螃蟹"：20 世纪 90 年代的招商引资 ··· 175
二、征地后村子和村民生活的变化 ····················· 182
三、社区环境和人际关系的变化 ······················· 188
四、"新珠海人"的故事 ······························· 191

第七章　作为社区文化行动的村史行动 ···················· 197
一、从学术视角看村史行动的意义 ····················· 197
二、村史行动的历程——缘起、采访、参与动员和编辑
　　整理 ··· 200
三、社区文化行动 ···································· 204
四、社区文化行动拓展——"鱼林古法蚝油文化节" ···· 208
五、社区文化教育传播——社区导赏 ··················· 212
六、社区教育的"种子"——青少年主持人 ············· 217

七、社工走向"前台"——社区文化行动的反思和体验
.... 221

附　录 230
　一、红星村大事年表 230
　二、口述人及采访情况汇总表 233
　三、口述人照片及村景图 237

编后记 243

绪 论

一、中国农村社区的宏观背景

《珠海红星村口述史》是中共珠海市金湾区委社会管理工作部"农村社会工作试点项目"和珠海市深化城市文明建设的"创文"成果之一。

2015年8月,中共珠海市金湾区委社会管理工作部开始实行"农村社会工作试点项目",委托广东绿耕社会工作发展中心在三灶镇红星村开展农村社区营造的探索实践。

在红星村开展农村社区工作服务和社区营造实践探索,在宏观和微观上有其深刻的经济社会背景。伴随着改革开放和经济持续发展的历史进程,中国广大农村地区,包括珠海市以至整个珠江三角洲地区的农村,迅速地发生着多重转型的历史性变迁:

一是从计划经济时代的农村集体经济到改革后的以家庭联产承包责任制为基础的家庭个体经济以及面向更大范围的城乡和经济空间的市场化转型;二是从传统农业生产(包括从"以粮为纲"到多种经营)到农村工业化(包括曾经风行一时且在农村发展过程中做出一定贡献的乡镇村企业)和后工业化的转型;三是至今方兴未艾的从城乡分割背景下的农村社区到城乡一体化的城镇社区的城市化转型;四是从传统的、较为封闭和固定的,较多地局限于狭窄空间范围,并受农业经济局限的农村生活方式(包括思想观念、人际交往、情感婚姻和家庭生活、日常生活习惯、消费方式乃至整体意义上的社会文化)到开放的、流动的,面向更广阔世界和新时代的现代化生活方式的转型;五是在经济、政治、文化、教育、社会治理乃至日常生活等诸方面从面向国内（地方）到走向世界，进入全球化体系的转型。

在珠江三角洲等沿海地区，这样的多重转型所引起的综合性的、复杂的社会变迁，表现得更为明显和突出。

在这样一种历史进程中，中国农村地区的社会变迁快得让人目不暇接，甚至难以适应：一方面，经济增长、财富积累、工业生产、商业贸易、交通体系立体化、城乡建设和空间扩张、信息通畅、思想解放等巨大成就，让人惊叹；另一方面，人口外迁、社区空心化、留守人口（儿童、老人和妇女）问题突出、耕地撂荒、农业凋敝、环境污染、教育资源分配不公、关系疏远、人情冷漠、价值观混乱、社区归属感下降等问题，又令人感到困扰和不安。

总之，农村在历史进程中发生的变迁——逐渐从农业村庄向工业和城镇社区进行转变，耕地减少，工商业进入，村落空间形态变迁等，让农村的生活逐渐和城市密不可分，也产生了诸多问题，不仅给传统农村的生产、生活带来了重大影响，同时也给社会治理带来压力和一系列新课题。我们正面临着农村社区变迁和社区工作实践带来的重大挑战。

二、红星村社区变迁的主要特点

位于珠海市西部金湾区三灶镇的红星村，是全国农村地区，尤其是珠三角农村地区从农业村向工业村和城市化社区转变的一个典型案例。

广东绿耕社会工作发展中心项目组采取"走社区"的方式进行社区观察和访问，通过入户访谈，召开社区座谈会，查阅有关文献资料，向区、镇、行政村和社区负责人了解情况，发现红星村在几十年来的历史发展中也面临着上述同样的情况。

红星村和东南沿海地区的其他农村一样，几十年来同样经历了迅速而巨大的社会变迁。随着经济的快速发展，珠海市和三灶镇的工业化发展和城镇化建设迅速地向红星村蔓延。红星村既保留着传统的老屋，也引入了国际品牌的工厂。本村的村民逐渐走向富裕，但村庄耕地在迅速减少，传统农业的鱼米之乡的景象难以再现，周边环境也受到了不同程度的污染。本村居民外出就业、创业，部分甚至迁居到了三灶镇、珠海市中心区甚至港澳地区，而外来的代耕农和打工、创业者越来越多地进入本村生活、就业，从事耕种、经商、务工等工作。

总之，红星村毫无疑问正处于从农业村向工业村、从农村社区向城镇社区转变的过程中。在感叹历史变迁迅速而复杂之余，我们也发现社区存在着一些令人担心、困扰的现象和问题。

（1）传统农业走向衰败并逐渐消失。在村子里，一方面，因为工厂修建、宅基地扩建、高速公路修建、政府征地等，村庄农耕土地急剧减少甚至基本消失，只剩下非常少的菜地，传统农业生产已经变为连"自给自足"都无法实现的附带生产；另一方面，又有大块待征用的土地荒废，无人耕种，与周围欣欣向荣的工业区形成鲜明对比。

（2）社区关系逐渐淡漠，理性和利益导向逐渐明显。在与村民进行小组会谈的时候，不少村民都说，现在的人际关系没有以前好，每个人都是只顾自己，甚至因为经济收入问题而产生了一些纠纷。邻里守望互助的传统逐渐被瓦解，村民们都觉得这是不好的现象，但不知道如何解决。社区在一定程度上存在着安全隐患，但村民又难以找到有效的解决措施，难以组织村民共同改善现状。我们在村庄里看到了很多摄像头，这都是用来加强社区治安防范工作的，但社区安全问题的技术防治终究难以完全替代传统村落的共同守望。

（3）村中留守老人居多。在前期走访时，我们看到村中老人往往独居一室，面对着电视打发时间，有些老人连基本的生活起居都成问题，而他们的子女往往不在身边。

（4）外来人口与本地社区存在隔阂。在红星村，村民集中居住的老村庄和外来人口居住的宿舍明显被分隔为两个部分。本地村民与外来人口之间的交流不多。即使外地人在本地拥有自己的房屋，但由于户籍等原因，他们仍然被认为是外地人，缺乏对村落的认同感和归属感。

（5）村庄生态环境遭到破坏。村庄所辖的水库库区成为石材开采区，不仅蓄水量小，且水质恶劣，周边生态环境破坏严重。流经整个村庄的小河流污染严重，河水污黑发臭；从山上流下来的清澈小溪进入村庄后，就变成了臭水沟。

（6）传统村落的物理空间老旧衰败。村落内有部分老旧房屋被废弃，甚至成为危房，村内的年轻人基本都已经住进村里或村外的楼房上，只有老人还坚守在老旧村落中。

但是，红星村在其发展变迁的历史和现实中，又具有诸多难得的发展优势与资源。

（1）村庄基础设施较好，村民经济收入较高。工业化的发展和较多企业的进驻，使村庄的整体经济条件大为改善，村民收入增加，大部分家庭走向小康水平，不少村民开始走向富裕，对少量贫困家庭和老年人的支持和保障能力也大为增强。村庄的基本建设、公共设施和交通条件都很完善，村民容易获得基础性的公共服务。村集体每年组织外出旅游活动，拥有本地户籍的村民可以报名参加，村集体会报销一定的费用。村民的经济收入和消费都处于较高的水平。

（2）社区组织动员能力强，支持开展农村社区工作项目。正式社区组织——村民小组机构比较健全，发挥着管理社区经济和社会事务的作用。无论是其上属的鱼林村党支部、村委会，还是红星村民小组，其行政管理和社区治理的组织构架完善，组织动员能力强。村、组都非常支持区里在本村开展"农村社会工作试点项目"。

（3）具有良好的社区文化传统，村民对改善社区关系、参与社区事务愿望强烈。虽然有不少年轻人离开村庄迁居到外地，但多数村民仍然较为集中地居住在村里，这里仍然是一个保留了非常多传统价值观、生活方式和密切关系网络的"熟人社区"。村民中的老人在村里具有崇高的威望和巨大的影响力。老人们非常怀念传统村落社区和谐热闹、亲密友好、守望相助的生活方式。村中的妇女、青年人、外来耕种和就业创业的人士都有意愿参与社区的公共事务，乐意为村庄发展贡献力量。

（4）村庄社区的建筑规划基本合理。村中心的老建筑整齐有序，美观而有特色，且大部分被成块地保留下来了。村里很难得地保留了少量的蔬菜地和农田。农田的保留可以作为村庄尝试可持续发展的有利条件。

在全国性、全球性、历史性的大背景下，从传统村庄走向现代化社区的红星村，其在可持续发展和建设，居民的经济、就业、家庭生计和生活方式，居民之间的交往和思想观念等方面，如何继承良好的社区传统，发挥既有的优势，应对存在的问题，走向更好的未来，是一个从市、区到镇、村以及全体社区居民都非常关心的历史性任务。

为了完成这样一个宏大的任务，从研究到行动，不仅要动用内部的各类资源，还要链接外部支持，这正是金湾区委社会管理工作部委托广东绿耕社会工作发展中心承接"农村社会工作试点项目"的初衷和目标。

三、红星村"农村社会工作试点项目"的基本任务

本项目的基本任务目标，就是开展农村社区工作，推动红星村的社区营造。总体构想是，针对逐渐走向工业化、城镇化的红星村，以农村传统文化保护和社区公共空间再造为切入点，通过以社区为本的整合社会工作，与村委会等村庄组织联合，促进社区关系发展，建设社会互助、文化认同、环境友好、公共参与和

社区自治、生活持续的小而美的幸福村居。具体包括：

（1）社会互助：增强村民的互助意识，使村庄社会文化、互助传统得到恢复，村民关系更加融洽；外来人口与本地村民和谐相处，社区治安良好。

（2）文化认同：在社工的协助下，村民自我组织起来，持续开展自我服务；社区活动丰富，村民社区认同感增强，村庄留守人口的生活状况得到改善。

（3）环境友好：在村"两委"的领导下，村民生态意识与健康意识增强，社区生态环境得到一定改善，初步探索出社区可持续发展的道路。

（4）公共参与和社区自治：鼓励村民积极参与社区公共事务，形成社区自组织；与村党委积极合作，共建美好社区。

（5）生活持续：以社区厨房为基础，形成更为健康的生活方式，增进人与人之间的互动交流，探索可持续发展的社区生活。

通过两年的实践努力，在区、镇、村的支持和村民的共同参与努力之下，红星村展开了社区公共空间建设，建成了社区厨房，筹划并启动了粮仓的改建。红星村农村社会工作试点项目组与本村户籍村民、代耕农和外来打工创业人群建立了广泛、良好、密切的社区关系，为村中老人、妇女、儿童开展了大量的社区服务工作，取得了良好的效果，得到了村民的接纳、认可和欢迎，也动员了广大村民热情参与，培育了较多的社区志愿者，整个"农村社会工作试点项目"取得了非常好的效果。

四、《珠海红星村口述史》的社区意义和编撰方式

1. 社区营造的基本任务和红星村的社区基础

一般来说，社区营造的基本任务是提升社区居民的主体性、

社区认同感和公共参与意识，以利于增进社区的共同利益，形成良好的邻里关系；促进社区居民自愿并切实参与社区公共事务，传承和发扬社区文化传统，形成社区邻里守望互助的氛围；促进社区居民就业、生计等问题的解决，改善经济条件和生活环境，提升生活品质；更好地为社区提供完整系统的良好服务，满足居民的生存、生活和发展需求，继而提升社区居民的获得感、满足感和对社区的归属感；鼓励社区居民与外部世界进行良性互动，促进社区与城市、国家和全球的有机融合。

要实现社区营造的这些长远目标，需要结合当前的社区现状，寻找突破点。红星村具有悠久的社区历史文化传统，居民传承了中华民族的优良文化传统，继承并发扬了先辈遗留下来的自强不息、艰苦奋斗、开拓进取、积极向上的精神。社区居民从其先辈们迁居本地开始，开辟良田沃土，建造村居民舍，逐步将村庄建设成鱼米之乡和幸福家园。他们战胜了多次天灾人祸带来的苦难，特别是在当今，又将一个边陲的村庄融入了全国性和全球性的工业化和城市化的洪流大潮之中，获得了更好的发展机会。这是红星村目前开展社区营造和社区社会工作的重要的历史和社会基础。

2. 社区文化行动意义

为寻找社区营造的突破点，项目组通过调查研究、广泛征求意见和深入讨论，进一步策划了"红星村社区文化行动"，计划以《珠海红星村口述史》的成书为基本任务，通过社区和项目组的努力合作，在红星村展开社区文化行动，进一步做实、做好、做深红星村的"农村社会工作试点项目"。我们认为，开展这样的社区文化、教育和传播行动，研究、记录、保存、传承、传播社区历史，对红星村来说，具有非常重要的社区营造的价值，也正好可以作为一个起点和重要突破点。

3. 着眼于社区史

社区口述史不同于宏观大历史，不涉及国家和大地区的发展变迁，是在大历史背景之下的微观社区史，是村庄和村民自己的历史。

《珠海红星村口述史》的编撰方式，不同于大历史的研究和叙事，是邀请、发动村民说故事、写村史。村民们一起回忆、口述、研究、讨论、印证、记录、分享村庄和自己的故事，包括：第一，社区居民的出生、成长和奋斗、发展，还有人生的体验；第二，村里各姓氏家族祖先的传说故事——迁徙、开垦、创业，家族开枝散叶和人口增长与发展；第三，村民家庭的家风、家规和家教，父母、兄弟姐妹、夫妻、子女的亲情和互助；第四，村里的邻居、发小、同学、好友的感情和友谊；第五，村庄经济、社会、生活、建筑、空间的变迁发展；第六，外来耕作、打工、创业的人群的耕耘和劳作、艰辛和快乐、收获和拥有，落脚生根，把他乡当故乡的故事。

4. 突出社区文化和教育行动

在资料采集、编撰、研究、整理过程中，我们通过开展社区文化行动的方式，邀请村民参与，共建社区集体回忆，激发大家对社区的归属感和主人公意识。我们相信，以这样的方式编撰的《珠海红星村口述史》，可以作为红星村社区文化建设的一个重要成果和精神财富，可以让老一辈人快乐地回顾既往，让年轻人更多地了解社区，让后代更好地继承先辈传统，弘扬和传播社区文化，在整个社区中营造出一种同乐同笑、同感受、同欣慰、同展望的氛围，鼓舞、鞭策、促进全体社区居民团结友好，守望相助，共建、共享自己的美好家园，让自己的社区更美好！

5. 将社区文化进行内外传播

我们不仅要在村内传播社区文化，还要让红星村的历史和文化传播出去，使其在三灶镇甚至珠海市，乃至在全国都产生影响，这样一方面可以为社会文化和文明建设做出贡献，另一方面也可以将一个小小的村落的历史融入国家、社会的宏大历史之中，以一种生动、具体的方式展示、传播优良的中华传统文化，以一种细胞、砖石的意义构成国家、社会的坚实基础。

6. 关于社区史或历史记录真实客观性的讨论

在村民的回忆、口述和编辑者的观察、访谈、资料整理和书写之中，还有一个难以回避且难以解决的问题，即大家的工作和最后的成果能否还原又如何还原历史的真实面目。诚然，什么是"真实客观"，"还原真实"的依据和标准又是什么，这些史学或人文学科中的"元议题"，不是一部村史尤其是村民口述史的编辑和研究能够讨论清楚并予以解决的。我们可能一方面需要对这个议题保持一定的认知敏感性，另一方面又要抱有一定的现实主义态度；一方面对"历史的真实"有坚定的追求并秉持诚实与中立的立场，但另一方面又需要勇于承认自身能力和环境特征等存在着诸多局限，不同主体也存在着诸多认知差异。

例如，对几十年来的土地改革、镇压反革命运动、阶级斗争、人民公社大集体经济、"文化大革命"、家庭联产承包责任制、市场化和城镇化等一系列历史事件和过程的看法，一些人可能会沿用阶级斗争和集体主义的思路，也有些人可能会过激地予以批评和否定。对民国时期、抗日战争时期或更古老年代问题的看法，可能会遵循传统的意识形态理念，也可能会有反向的看法。这些差异会或多或少地影响村民的回忆、表述和编者的文字呈现。我们的态度和应对方式是：对一些关于价值观念差异的问题，不必介入太多但也不人云亦云。

所以，这部经村民回忆、表述和编者整理、书写后呈现出来的口述史，可能体现了一种复杂的建构：它经过历史和生活过程中多次变迁、轮替、交互影响的意识形态、价值观念和伦理规范的淘洗过滤，带有外部主流权力控制之下的意识形态灌输痕迹，也有各相关主体在生产、政治活动、市场交易和日常生活实践中形成的集体共识，同时受到个人独特的体验和认知的影响。

五、《珠海红星村口述史》的议题设计

我们在策划和设计《珠海红星村口述史》的具体内容时，打算大体上按照以下几个方面来展开。

一是村庄的经济地理、产业与生计，如传统的晒盐业、渔业、农业、非农业、工商业和其他副业等。其中需要重点关注由传统农渔业向非农业、工业化、郊区化、城市化的转型。

二是村庄建设和居民定居的历史，特别是村中先辈的开垦史、村庄的建设史和创业史，以及村庄居民的族群构成和迁移史（包括本地居民及其家族、代耕农、外来务工人员和创业人士等，也包括居民祖辈迁移的传说与故事、人口外迁的重大事件和人物）。

三是村庄的农业产业的集体化、组织化过程和农业改革与个体家庭经营发展的转型。

四是由传统乡村治理转向国家介入的社区治理，特别是1949年以后的农村党组织、村社组织的发展历程。

五是村庄和村民的生活方式、家庭生活、风俗习惯、社区文化、民间信仰。

六是社区人物的生活故事，包括重要的人物故事、普通家庭和个人的生活体验等。

我们计划在每个议题下，由村庄居民中的若干人士讲述若干个公共话题、专题事件、集体故事、个人和家庭故事等，以此形成《珠海红星村口述史》的主体内容。

六、《珠海红星村口述史》编撰的工作原则

一是大纲的修订和完善：需要形成时间、事件线索并提供细节指导；在项目组前期工作的基础上，大纲由村干部和村民进行补充和修订。

二是口述史的历史专业视角和社区文化行动的社工专业视角的整合：需要把社区史和口述史的专业视角结合在一起，再尽力把社区口述史的专业编撰工作如资料收集、内容澄清、编辑等，与宣传发动社区行动、传播教育、提升社区意识等社区工作结合起来，整合成为统一的社区文化行动。

三是社区文化行动和社区参与动员：做红星村村史，不是单纯地做口述史，它更偏向于编写撰述整体上的社区史并践行文化建设，同时也要在鱼林村党支部、村委会的统一指导之下展开专业行动。社区文化行动是多方力量的参与、合作和资源整合。例如，社区正式组织（党支部和村委会）的依托、指导与合作，社区积极分子和骨干领袖的培育和支持，社区居民自组织的小组培育，社区内外资源（市、区、镇、企业商铺、关键人物、相关单位和组织等）的链接，社区参与度和社区意识培养，社区服务和支持，等等，它将多种元素都融入社区营造和社区发展的大行动之中。

四是编辑撰述的素材构成：包括宏观背景、时间框架、社区事件、集体故事、人物故事等，以发生在本村的大事为重点。避免大历史思维，用故事引入和串联；直接用故事主题做标题，尽量减少使用历史学中的大概念。

五是具体的工作过程：包括采编分工，征集村史讲述者，采访预约，初访、二访及记录，整理一稿、二稿，确认受访者，确定参与座谈、讨论的人数和会议次数以及时间预算和工作内容等。我们从 2017 年 5 月开始，9 月份完成初稿，并在此基础上完

成定稿。

七、《珠海红星村口述史》编撰工作参与人员

《珠海红星村口述史》的编撰是一项集体工作，参与人员除了广东绿耕社会工作发展中心项目组的全体成员之外，更多地做出贡献的是红星村民小组的干部和各位村民。为了明确个人贡献和责任，兹将所有做出贡献的人员名单罗列如下：

口述人名单：

王定一、吴楚芳、罗添福、吴华发、吴祥发、何华林、李富平、何沛良、曾彩群、何国荣、李锦月、彭秀定、陆瑞文、郑秋相、刘国英、李太适、罗来有、何国雄、曾福亮。

行政支持：

王定一，三灶镇原党委书记（已退休）。

曾国昌，鱼林村党支部书记。

何国雄，红星村民小组组长。

李富平，红星村民小组副组长。

何国荣，红星村民小组会计。

金湾区政法委、三灶镇、鱼林村及红星村各位相关人士。

工作组成员：

张和清，中山大学社会学与人类学学院教授，红星村农村社会工作试点项目督导。

万向东，中山大学社会学与人类学学院副教授，红星村农村社会工作试点项目督导，《珠海红星村口述史》撰述者、主编。

陈曦，中山大学社会学与人类学学院博士研究生，红星村农村社会工作试点项目督导、项目负责人，《珠海红星村口述史》撰述者、副主编。

姚楠，历史学者，《珠海红星村口述史》采编者、撰述者、副主编。

何斯华，历史学者，《珠海红星村口述史》采编者、撰述者、副主编。

徐文法，广东绿耕社会工作发展中心工作人员，红星村农村社会工作试点项目负责人，社区文化行动统筹，《珠海红星村口述史》撰述者。

吴萍，社区文化行动工作人员，广东绿耕社会工作发展中心工作人员。

朱超红，社区文化行动工作人员，广东绿耕社会工作发展中心工作人员。

符丽君，广东绿耕社会工作发展中心工作人员，红星村农村社区项目协调者，社区文化行动工作人员。

张怡，社区文化行动工作人员，广东绿耕社会工作发展中心工作人员。

谭水萍，中山大学社会学与人类学学院社会工作硕士研究生，社区文化行动项目实习生。

其乐格尔，中山大学社会学与人类学学院社会工作硕士研究生，社区文化行动项目实习生。

刘一冰，中山大学社会学与人类学学院社会工作硕士研究生，社区文化行动项目实习生。

乌云高娃，内蒙古大学社会工作硕士研究生，社区文化行动项目实习生。

陈瑶，青海师范大学社会工作专业本科生，社区文化行动项目实习生。

（执笔：万向东、陈曦）

第一章 古往今来话红星——历史沿革

一、地理位置、人口与自然环境

1. 行政隶属

红星村民小组,根据文献记载,在清代和民国时期名为六灶村,1949年改名为龙塘村,"文化大革命"时期(1966年)改为现名。红星村是珠海市金湾区三灶镇鱼林行政村下属的一个自然村,是鱼林村6个村民小组之一。

三灶镇位于珠海市的西部,距珠海市中心30多千米。红星村及鱼林行政村,位于三灶镇西南部,属于三灶科技工业园的规划范围,目前已经基本上与三灶镇的城镇建成区接壤。其距三灶镇中心(镇政府)约3千米,距金湾区政府约18千米,距位于三灶镇范围内的珠海机场(中国国际航空航天博览会所在地)约6千米,距珠海市中心香洲30多千米。

2. 人口

2018年,红星村民小组常住人口共590人(其中部分人口长住外地)。其中,男性人口280人,女性人口310人。60岁以上人口102人,劳动年龄人口约360人。本小组有代耕农7户约50人,外来务工人员及其家属约300人。

3. 所属行政村——鱼林村概况

鱼林行政村下辖红星、卫国、东升、前锋、榄坑、石基6个村民小组。根据三灶镇人民政府官网资料,鱼林村山水资源丰富，依山傍海，农业经济以种养业为主，拥有滩涂 20000 亩（1 亩约为 666.7 平方米）、养殖鱼塘 8000 亩、山林地 6000 亩。"工业兴村、农业稳村、商业旺村"是鱼林村的工作目标和工作思路。近年来，鱼林村依托工业科技园，抓住发展机遇大力发展村级工业，通过物业经济推动全村各项建设发展，目前村集体拥有厂房等物业近 7 万平方米，开发建设用地近 650 亩。2016 年，全村年纯收入超 970 万元，农村人均收入 13000 元。

目前，鱼林村辖区内的 6 个自然村已实现通路、通水、通电、通信、通车，光纤有线电视网络实现全覆盖。鱼林村共引进企业 28 家，并带动了整个第三产业的全面发展，全村新增加的出租屋近 150 幢，鱼林村已经逐步成为人气聚集的中心生活区，租金收入占村民收入的比重不断增加。在经济发展的同时，鱼林村更注重培养村民的健康意识和良好的生活习惯，争创文明卫生村，逐步提高村民生活品质。

近几年来，鱼林村的文教、卫生、综合治理、计划生育等社会事务工作取得了长足进步。在教育方面，鱼林小学 2007 年被评为"珠海市绿色学校""全国首届青少年文明礼仪教育基地"，2008 年被评为"金湾区特色学校""中国教育管理改革三十年——全国创新管理改革品牌学校"。在社会事务方面，鱼林村 2008 年被评为金湾区"双拥工作先进单位"，2009 年被定为金湾区"新农村建设示范村"，2010 年被定为珠海市"社会管理体制改革试点村"，同年亦被评为广东省的"民主法治示范村"，2011 年被定为金湾区"大力发展村级经济示范点"，2012 年被定为金湾区"公租房项目建设示范点"，2014 年被评为"广东省卫生村"，2015 年被评为"广东省交通示范村"①。

---

① 本节"鱼林村概况"摘自三灶镇人民政府官网资料（http://sanzao.jinwan.gov.cn/WebSite/NewsDetail_804210a8f93840cbbf52eba324b5fbd6.html）。

4. 地理环境：从三灶岛说起

要从地理上了解鱼林村和红星村民小组的微观特征，需要从三灶镇和三灶岛开始说起。

从地理位置和地缘特征来看，三灶镇有其非常独特之处：地处山高皇帝远的中国大陆边陲，却又位于沿海发达地区的前沿地带；曾经是南海的一个偏远海岛，现在却成了珠海市工业化、城市化扩展和经济发展的重要区域；临近港澳，直通南海和太平洋。

三灶镇全镇面积 168 平方千米，下辖 4 个行政村、4 个居委会[1]。三灶镇的行政区域范围北接金湾区红旗镇；东面隔磨刀门水道（西江干流主入海口）与横琴岛相望；西侧隔鸡啼门水道与高栏港经济区相邻，并跨崖门水道（黄茅海）通向江门市的新会和台山；南临南海，直通太平洋。

20 世纪六七十年代以前，三灶岛还是西江口西侧的一个多山的海岛（即使是现在，从卫星地图上仍然可以依稀看出三灶岛的轮廓），岛上陆地面积约 35 平方千米。而三灶岛现有面积约 96 平方千米，是珠江口西部第一大岛，其主体由 4 座丘陵低山（栏浪山、观音山、黄竹山、茅田山）构成[2]，狭窄的山间谷地以及周边滩涂、沙丘和海湾则是当地历代居民居住、生产和活动的主要场所。

由于磨刀门水道和鸡啼门水道从陆地向大海大量输沙，巨量的入海泥沙使得三灶岛北部的浅海逐渐沉积，发展成为大面积的浅滩和湿地，进而经过人工围垦和改造，上演了真实版的"沧海变桑田"，形成了大片肥沃的鱼塘、稻田和蔗地，造福于当地人

---

[1] 珠海市金湾区年鉴编纂委员会：《金湾年鉴》，广东人民出版社 2017 年版，第 439 页。

[2] 黄金河：《文化三灶》，中国戏剧出版社 2005 年版，第 3 页。以下所引此书均为此版本，除书名和页码外，其他不再另注。

民。经过经年累月的淤积和围垦之后,如今的三灶岛已经完全与陆地连接在一起了。

从历史的角度来解读,这样的地理位置和环境使三灶镇具有如下几个特点:

一是具备良好的农业生产条件。三灶岛的山间平地以及周边垦殖而成的耕地和湿地,是珠江水系千百年长期冲刷淤积形成的,土地肥沃,再加之气候温暖湿润,非常适合垦殖、耕种等传统农业的可持续运行以及人口适度的农村社区的生产和生活。因而,在中国历代移民史上,正如闽、粤、桂、琼等广大边疆地区一样,这里也是来自中原地区的先民逐步南迁移民、开枝散叶、落脚扎根的目的地之一。在后文中,我们将通过村中长辈的回忆,通过有关历史文献的梳理,讲述本地村庄的祖先和前辈从中原迁移到广东,从珠三角腹地迁移到红星村的具体生动的开垦移民、繁衍生息的故事。

二是处于珠江三角洲的重要海陆交通要冲。三灶岛东临西江主航道磨刀门水道,西临鸡啼门水道和崖门水道,因此通往珠三角西部腹地的水运交通十分便捷,航空意义上的直线距离更短。三灶岛广大的地域面积、海岛封闭式的地形和坚硬的岩石地质基础,曾经使这一海岛具有战略性的军事价值。正是三灶岛的这种重要军事战略价值,使之在日本侵略中国特别是华南地区的初期,便遭到日军侵占。日军在岛上驻守重兵,建设机场,实施了残忍的屠岛暴行和"三光"政策,并为达到长期侵占的目的而采取了从日本本土向三灶岛进行农业移民的措施,这在后面的章节会详述。另外,在此前与此后的各个历史时期,三灶岛及其周边濒海地带也都是重要的战略要地和连带防御区,这进一步显示了其在国防和军事上的重要性。

三是天时地利带来的潜在发展优势。三灶岛虽然从大陆内地来看地处偏远,但从南海的角度来看,又极具交通便利的优势。一旦具备天时地利的条件,偏远的边疆海岛反而有可能成为走向全球的前沿阵地。所以，尽管在古代和近代历史上，这里一直是国家统治的边陲地区、中原移民的最后落脚地以及传统农渔业经济发展缓慢的地区，但恰逢中国改革开放的时代际遇，潜在的地缘优势与千年一遇的现代化历史契机相结合，为本地的经济社会发展带来巨大的优势和良好的机会。偏处一隅的边疆岛屿，终于顺势融入了全国特别是珠三角地区以及珠海特区的改革开放、经济建设和社会发展的大潮之中，发生天翻地覆的历史性变迁。本书后面的章节，将通过红星村的微观社区变化和发展，为读者展示这片土地上发生的时代变迁。

从当今的情况来看，三灶镇所在的金湾区，近邻经济发达的珠江三角洲腹地城市，具有突出的海、陆、空交通优势。区内汇集高栏深水港、珠海三灶机场（2013年更名为珠海金湾国际机场）、江珠高速公路、粤西沿海高速公路、广珠铁路、机场高速。高栏港口岸为国家一类对外开放口岸，拥有珠江三角洲最大吨位的液体化工品码头泊位，具有建设30万吨级石化大码头的良好自然条件，主航道距国际航道（大西水道）-27米等深线仅11千米。这些条件构成了三灶镇的海、陆、空立体交通网。

鱼林村和红星村民小组位于三灶岛中心区的南偏西方向，坐落在眼浪山（根据李富平的介绍，也叫风流项）西偏北方向一处山坳中。村庄东南方背后的眼浪山以及它与珠海机场之间的栏浪山恰好在一定程度上挡住了来自东南方向的台风和过多的潮湿空气，适合建村和居住。村庄的西北边则有大片由海滩淤积而成的湿地和人工开垦出来的农业用地，所以村庄发展传统农渔业的条件十分优越，可谓真正的鱼米之乡。

在从20世纪末开始的城镇化、工业化扩展过程中，鱼林村与镇中心之间的地区已经开发成工业和居住建成区，村中原有的耕地也逐渐发展成为工业用地。从20世纪末开始，通过招商引资，各类企业逐渐进驻。到目前为止，村里的农业用地已经基本消失，只有村庄周边有零星蔬菜地。

总之，在改革开放、工业化、城镇化和经济发展的大背景之下，鱼林村及其辖下的红星村社区，正处于由传统农业村庄向城镇社区逐步转型的过程中。

在这样一种跨越千百年传统、走向城市化和现代化的历史性变迁中，无论是村庄社区还是村民，在经济、就业、家庭生计、社区的治理与文化教育、村民的思想观念与生活方式等方面，都面临着告别过去、面向未来，适应新时代、新环境、新要求的长期、复杂而细微的任务。

二、红星村上属的行政管辖沿革

1. 红星村的行政管辖隶属

红星村当前正式的行政隶属是珠海市金湾区三灶镇鱼林村，它是鱼林行政村下辖的村民小组。

2001年4月4日，经国务院批准，珠海市设立金湾区，辖原属香洲区的三灶、小林、南水3个镇和原属斗门区的平沙、红旗2个镇。三灶镇下辖4个居委会、4个行政村。鱼林村即是三灶镇下辖的行政村之一，红星村民小组是鱼林村的一个自然村，也是其中的一个村民小组。从社区的角度来看，红星村则是一个由传统农村社区走向现代化城镇社区的转型社区。

2. 上属行政管辖区域的由来和村名变迁

三灶在历史上一直属于香山县（包括现中山市、珠海市）的管辖范围。

在宋朝之前，中山、珠海等地还是一片汪洋，属于古伶仃洋的西部海域。其中分布着众多岛屿，最大的岛为香山岛，面积为300多平方千米。由于珠江支流西江和北江的冲积，珠江三角洲平原逐渐向南海推进。宋朝以后,香山也成为和大陆相连的陆地,面积随之扩大,成为今天中山市和珠海市的主要地域范围。中国科学院图书馆珍藏的手抄孤本《香山县乡土志》,对香山岛的古代风土人情有所记述。在久远的古代,三灶岛是香山岛外古伶仃洋上的一个孤岛,可能曾经有古越人在那里居住生活①。

上溯至先秦时期,香山岛及其周边的外海诸岛屿,均为百越海屿之地,秦代属南海郡,西汉南越国时期及以后的两汉至三国时期属南海郡番禺县,东晋以后属东官郡宝安县,隋代以后属广州宝安县。

唐至德二载(757年),宝安县更名为东莞县,在香山岛设有文顺乡,同时在乡的驻地濠潭(今珠海市山场村)设置戍边军事单位香山镇(与东莞县同级)②。这大约是香山(今中山、珠海两市,包括三灶岛)正式纳入朝廷中央政权管辖的开始。

南宋绍兴二十二年(1152年),设置香山县,下辖10个乡。其中潮居乡的管辖范围包括斗门、赤坎、三灶岛及金斗湾西部,当地居民主要以经营渔盐业为生③。

明代,香山县的行政区域划分为11个坊、都④。三灶岛属黄梁都的管辖范围。黄梁都辖村16个,包括三灶村⑤。据康熙十二年(1673年)编的《香山县志》记载:"三灶山三石成形,故名。"⑥

清初,香山县下设黄梁都,辖村196个,包括三灶、雅墩、新圩、茅田、六灶、沙嘴、黄榄坑、草堂、圣堂、鱼弄等村⑦。六

---

① 《文化三灶》,第3-4页。
② 《文化三灶》,第5-6页。
③ 《文化三灶》,第7-8页。
④ 《文化三灶》,第8页。
⑤ 中山市地方志编纂委员会:《中山市志》(上),广东人民出版社1997年版,第137页。以下所引此书均为此版本,除书名和页码外,其他不再另注。
⑥ 《文化三灶》,第11页。
⑦ 《中山市志》(上),第139-140页。

灶村（即今红星村）的村名首见于官方文献。

清光绪年间，香山县下辖区域改都为镇，黄梁都改为黄梁镇，管辖范围包括三灶岛等地①。黄梁镇辖段18段，包括南水三灶段②。

清宣统二年（1910年），香山县改镇为区。黄梁镇改为第八区，管辖范围包括今斗门、乾务、白蕉、三灶一带③。

民国十四年（1925年）4月15日，按国民党中央执行委员会决议，经广州中华民国陆海军大元帅府批准，香山县改名为中山县，以示纪念孙中山先生④。

民国十九年（1930年）5月，中山县第八区本部改为黄梁区，另析出第七、八两区的南部海岛，成立南海区。民国二十年（1931年）9月，全县9个区恢复按数字编列的名称，黄梁区仍改回第八区⑤。

民国二十五年（1936年），中山县设有9个区，其中第七区驻雅墩，辖乡23个，包括六灶、榄坑、田心、月堂、鱼堂、列圣、大霖（后通称大林）、小霖（后通称小林）、鱼弄、雅墩、圣堂、草堂、茅田、南水、高栏、飞沙等⑥。它们都在三灶岛及其周边地区的范围内。

据本村何氏居民保存的《何氏族谱》的零星记载，当时六灶村可能属于中山县第七区13个保之一："治绵公（十三传，系积南公之子，行一）……因日军侵占本处，将我十三保大小屋宇任意烧毁，片瓦无存，变为平地，惨杀乡亲。"

抗日战争胜利后，1945年10月4日，国民党第六十四军一

---

① 《文化三灶》，第9页。
② 《中山市志》（上），第141页。
③ 《文化三灶》，第9页。
④ 《中山市志》（上），第128－129页。
⑤ 《中山市志》（上），第129页。
⑥ 《中山市志》（上），第142－143页。

五九师开进中山县，随后在全县普遍设立区署，第七区驻三灶①。

1949年，中山县原第七区下设海荣乡、维新乡。其中维新乡驻正表，辖23保，包括原春花园、屋边、茅田、六灶、榄坑、田心、正表、英表、南水、北水、高栏、飞沙等②。

1951年，中山县第七区驻三灶，辖乡4个、村40个。其中，鱼林乡辖龙塘、月堂、横石基、列圣、企沙、湾弓、定家湾、鱼堂、榄坑、鱼弄、雅墩、坐头等村③。鱼林和龙塘的地名首次出现在文献记载中。

1953年4月20日，为加强边防建设，发展渔农业生产，中央人民政府政务院批准设立珠海县，以中山、东莞、宝安三县所属海岛为其行政区域④。珠海县分为4个区，辖44个乡，其中三灶区为第三区，下辖9个乡，包括鱼林乡（其他为鱼月、中心、海澄、小霖、高栏、南水、北水、沙脊乡）⑤。其时，龙塘应为鱼林乡辖下的一个村落。

1955—1956年，珠海县开展"并乡撤区"工作，撤区并大乡，全县成立三灶乡等13个大乡（镇、场）；三灶乡辖鱼林村等10个村（其他为三灶、鱼弄、鱼月、中心、圣堂、上莲、田心、正表、英表村）⑥。

1958年9月下旬，珠海县9个乡（镇）实现人民公社化；10月12日，全县成立一个珠海县人民公社，原区乡建制随即撤销，实行政社合一，按军事化要求成立14个营和2个独立连⑦。

---

① 《中山市志》（上），第129页。
② 《中山市志》（上），第145–148页。
③ 《中山市志》（上），第149–152页。
④ 《中山市志》（上），第131页。
⑤ 珠海市地方志编纂委员会：《珠海市志》，珠海出版社2001年版，第70页。以下所引此书均为此版本，除书名和页码外，其他不再另注。
⑥ 《珠海市志》，第17、70页。
⑦ 《珠海市志》，第19页。

随后又将原三灶乡改为三灶人民公社（现三灶、南水、小林等地均隶属三灶公社管辖）。

1959年3月22日，撤销珠海县，珠海县并入中山县；7月成立珠海办事处，为中山县政府派出的副县级机构①。三灶人民公社属中山县管辖。

1959年4月，珠海实行以生产队为基础的三级管理体制②。

1961年4月17日，经广东省人民政府同意，同年10月5日经国务院批准，恢复珠海县建制；珠海县下辖三灶区等6个区以及三灶等13个人民公社。其中三灶人民公社辖鱼林大队等9个生产大队（其他为海澄、三灶、中心、鱼月、正表、上莲、田心、英表)③。

1963年1月，珠海县进行区域调整和并社、并队工作。全县14个渔农业公社调整为10个公社、1个镇、1个场；102个农业生产大队合并为45个大队，生产大队由平均104户扩大为318户④。

1963—1967年，三灶公社辖鱼林等5个生产大队（其他为海澄、三灶、中心、鱼月)⑤。

1968年3月27日，成立三灶人民公社革命委员会，辖鱼林、海澄、三灶、中心、鱼月5个大队革命委员会⑥。

1968年3月29日，珠海县区域恢复调整为14个公社（镇、场)⑦。

1979年1月23日，中共广东省委决定将珠海县改为珠海市，由省和佛山地区实行双重领导；3月5日，国务院同意珠海县改

---

① 《珠海市志》，第19、71页。
② 《珠海市志》，第19页。
③ 《珠海市志》，第71页。
④ 《珠海市志》，第21页。
⑤ 《珠海市志》，第71-72页。
⑥ 《珠海市志》，第72页。
⑦ 《珠海市志》，第22页。

为珠海市，以珠海县的行政区域为珠海市的行政区域；7月15日，中共中央、国务院同意珠海试办经济特区（次年8月获得全国人大常委会批准）；11月26日，珠海市改为地区一级的省辖市①。

1984年6月，珠海市设立香洲区，为县一级建制，下辖三灶等12个区公所。其中三灶区公所辖鱼林、三灶、鱼月、中心、海澄5个乡②。

1987年4月，香洲区撤销12个区公所，设置三灶镇等11个镇和横琴乡建制③。其中三灶镇辖7个村民委员会，包括鱼林村民委员会；36个自然村，包括龙塘村④。

1988年12月2日，成立三灶管理区，为县级机构，下辖三灶、南水、小林3个镇和红旗农场⑤。

2001年4月，国务院批准设立金湾区，下辖三灶镇和红旗镇以及珠海市航空产业园区。

鱼林大队（鱼林村）的行政管辖与变化：

1958年，鱼林村分两个大队。龙塘、卫国（大围边）、前锋（老塘围，实际是老庞围）一个大队，叫龙塘大队；榄坑、东升（浪仔围）、横石基一个大队，叫榄坑大队。后来两个大队合并，6个村集中为一个鱼林大队，鱼林大队下设龙塘生产队。1966年，龙塘生产队改名为红星生产队（据吴华发、李富平等人口述）。

综上所述，根据文献记载，从古代到现在，三灶及其辖下的鱼林村、红星村民小组的行政隶属经历了由南海郡、南海郡番禺县、东官郡宝安县、广州宝安县、东莞县、东莞县文顺乡、香山

---

① 《珠海市志》，第25－26页。
② 《珠海市志》，第29、73页。
③ 《珠海市志》，第73页。
④ 《珠海市志》，第75页。
⑤ 《珠海市志》，第73页。

镇，到香山县、中山县、珠海县、珠海市香洲区、珠海市三灶管理区，再到珠海市金湾区的演变历程。

值得强调的是，三灶作为一个地名和历代地方政府管治的村、乡、镇、区等的正式名称，首次出现在明代，并一直延续至今。

鱼林（1951年）这一地名作为乡、大队或村的正式名称，也同样一直延续至今。而红星村的名称则经历了六灶（清初）、龙塘（1949年）和红星（1966年至今）的变迁。

3. 作为海防军事和边疆贸易区域的沿革

前文说到，三灶及其周边地区处于珠江三角洲西部的重要海陆交通要冲，具有重要的国家防御和军事战略意义。这一地缘特征使得三灶虽然地处偏远，却并非完全被中央政权忽略或遗忘。相反，三灶也曾作为战略要地，受到历代中央政府在军事上的重视，也易于受到敌军侵占和战火摧残。一方面，战争曾经使三灶等地区屡经磨难，使当地人民饱受摧残；而另一方面，这一片边疆土地上的人民，在抵抗侵略、保家卫国和国防军事上也做出了长期的贡献。

我们看到，国家和政治历史的宏大叙事，落地于微观的社区和居民身上，则体现为人民日常生活中的多灾多难、悲苦流离和不屈不挠、艰难图存、繁衍生息的历史场景。这些历史场景虽然几乎被人遗忘，但各种与之相关的生动、感人的，让人感叹不已、传颂不竭的传闻和故事仍在人们当中流传。

南宋末年著名的崖山海战就发生在离三灶百十里外的崖山海域。虽然未见任何与本地相关的记录，但三灶作为一个巨大战役范围内的海岛，战前战后可能也会受到宋、元两军的关注。当地的居民，也可能遭受到战争的蹂躏。既然无史实可考，后人就只能任凭想象了。

有史可查的故事发生在明代嘉靖年间。明嘉靖二十一年

(1542年），葡萄牙武装贸易船队占据浪白澳（即浪白滘岛，今高栏港范围内）。该岛北部今已与大陆相连，东为文湾（浪白滘），与三灶、大林山隔鸡啼门对峙。葡萄牙人多居于岛上之南水村。1545年，明政府开放浪白澳为临时对外贸易港口，并在浪白澳派驻海道哨兵500名，配备大岛艚民船8艘、海道随捕快马船8艘，委派指挥使一员统领，作为监督。至1554年，该岛已经成为一个重要的对外贸易集散地。1555年，约有400名葡萄牙人留居该岛，随后葡萄牙人在万历末年逐渐迁至蠔镜（即澳门）①。

另外，值得后人注意的地方是，无论是在浪白澳，还是在后来逐步兴盛起来的澳门，朝廷都已派兵驻防，并设立了向外国商船和当地渔民征缴税收的机构（河舶所）②。

事实上，自明清海禁到清末与民国时期，随着西方列强逐步用武力迫使中国打开国门，特别是澳门被葡萄牙实行殖民统治以后，一直到日本侵略者发动侵华战争，今中山和珠海一带的海岸线一直都是中央政府派兵驻守和管理外交、外贸事务的边关重地。而三灶作为身处其中的珠江口西岸第一大海岛，必然也处于政府的各种军事、外贸管辖和控制之下。

1949年中华人民共和国成立后，三灶也一直是边防前线，同样属于边防驻军和边境贸易管辖的范围之内。

1949年10月，中国人民解放军两广纵队独立第一、二、四、五团和炮兵团进驻中山，继而在11月10日进驻三灶等岛屿。1950年年初，该部队改编为珠江军分区，独立第一团进驻三灶等地。后由独立第十七团第一营驻守三灶。1951—1952年，解放军万山独立水警区、海军万虎水警区警备团派驻部队驻守三

---

① 澳门回归网，"浪白澳居留地"（http://www.gmw.cn/03zhuanti/2_zhuanti/jinian/macau/e12.htm）。蠔镜，又作蚝镜、濠镜。

② 澳门回归网，"香山县的设置"（http://www.gmw.cn/03zhuanti/2_zhuanti/jinian/macau/e12.htm）。

灶等地。1956—1959年，解放军佛山军分区三灶守备团相继改称为边防守备一六二团、十团、三十九团并驻守三灶等地。1956—1958年，解放军第四十七军一四一师工兵营驻三灶等地，担负海岛国防施工任务。1960年6月—1979年12月，解放军万山要塞区先后下辖正团级守备区5个，其中第四守备区由原守备区第三十九团改建，辖4个守备营，驻守三灶等岛屿，守备区机关驻三灶；1976年撤销该守备区，原守岛部队改为团建制，划归第五守备区，但仍称第四守备区。1983年2月撤销团建制，三灶等地守岛部队改为隶属于守备第十四团建制。陆地分队组建为广东省武警部队第五支队①。

在后文中，我们将通过村民的口述，了解到中国人民解放军在三灶驻军以及政府部门对当地边境贸易进行管理等的情况。

综上所述，我们可以看到，无论是三灶镇、鱼林村，还是红星村（村民小组），其在历史发展过程中都呈现出国家统治逐步向边疆和沿海地区覆盖与加强的特点。1949年后，随着国家及各级政府对农村工作的重视，鱼林村及红星村民小组更是逐步进入了连续、系统而严密的国家治理和地方政府管辖范围。

在漫长的历史变迁中，三灶镇及红星村长久以来虽然处于山高皇帝远的边陲地区，但随着历代先民的迁移开垦和国家统治的逐步覆盖，随着在国际交往和对外开放中从偏远边疆到发展前沿地区的转变，一个海岛、一个小村落，已经转变成了一方热土。

于是，我们从这样一个微观社区之中，能够更明确具体地观察和体验到宏观历史的大结构与微观社区生动细致的生活史的衔接。虽然说山高皇帝远，但有道是"普天之下，莫非王土"；虽

---

① 《珠海市志》，第788－790页；珠海市军事志编纂委员会：《珠海军事志757—2005》2009年版，第34、150－151页。

然帝王将相和历代精英主导着国家历史的大舞台，但历朝历代处于底层的人民却是中华民族历史继替和文化传承的根基，他们不可替代，不可被忽略。

4. 红星村的行政管辖和社区组织沿革

鱼林村辖下的红星村民小组作为国家和地方政府对地方社区的行政管辖的组织，从清初起经历了设置村、保等村社组织的过程。

1949年至今，则经历了从龙塘互助组、龙塘初级合作社、鱼林高级合作社、龙塘生产队、红星生产队到红星村民小组的组织沿革。根据村民和各位口述者的回忆，现将红星村1954年至今的行政管辖意义上的社区组织沿革和相关负责人情况整理如下（见表1-1。由于时间久远，口述者记忆受限，这个汇总表并不完善）：

表1-1 1954年以来红星村社区组织沿革与相关负责人

组织	时间	负责人					
		社长/队长/组长	副社长/副队长/副组长	会计	仓管出纳	妇女队长	民兵连长、排长等
互助组	1954—1955年	吴罗发 吴太龙 麦甲子(女) 何重庆	开始是2个互助组,后来分为3个组,1955年年底划分为4个组;共有4个互助组长;每组8~10户;另有6~7户没有加入互助组				
初级 合作社	1956—1957年	吴罗发	组长吴罗发,麦甲子;队长吴太龙,麦甲子;会计黄章林(黄林),出纳何长				
高级 合作社	1957年		初级社联社(高级社)由龙塘、大围边、老庞围3个小队合并而成,会计黄章林(黄林),出纳何长				
龙塘 生产队	1958年	吴太龙 (龙塘生产队队长)	鱼林大队龙塘生产队由龙塘等6个队组成,黄章胜、吴楚芳担任过负责人;会计黄章林(黄林),出纳何长,妇女队长麦彩				
红星 生产队							
红星村 民小组							

续上表

组织	时间	社长/队长/组长	副社长/副队长/副组长	会计	仓管出纳	妇女队长	民兵连长、排长等
龙塘生产队	1958—1979年	吴太龙 吴楚芳	吴楚芳 罗添福	黄章林（黄林）	何 长（1958—1975年）	麦 彩（1958—1974年）	罗添福（任民兵连长至解放军撤离三灶）
红星生产队	1980年	罗添福	吴楚芳 李富平	黄祝李	罗添福（1976年）吴有达（1976—1978年）	何长菩（1975—1976年）	吴楚芳（1959年任治保会员、民兵排长）
	1981年	吴楚芳	罗添福 李富平		罗社大（1979—1980年）	詹务姝（1977—1978年）	何炳添
	1982年	李富平	吴楚芳	李富平	梁桂发（1981—1983年）	曾四爱（1979—1992年）	黄章胜
红星村民小组	1983—1996年	吴楚芳	李富平 罗来有 罗福深 何进发	李富平（1983年）吴更强（1984—1996年）	罗来有（1984—1986年）罗福森（1987—1993年）	曾彩群（1993年至今）	李富平

续上表

组织	时间	社长/队长/组长	副社长/副队长/副组长	会计	仓管出纳	妇女队长	民兵连长、排长等
龙塘生产队	1997—2001年	罗来有	何进发 曾坚祥		何进发（1994—1998年）曾 祥（1999—2003年）吴华强（2004—2008年）李富平（2009—2016年）何国荣（2017年至今）		
红星生产队	2002—2004年	何进发	曾坚祥				
红星生产队	2005—2010年	吴国强	吴华强	鱼林村统管会计			
红星村民小组	2011—2013年	吴华强	吴国强				
红星村民小组	2014—2019年	何国雄	罗来章 李富平				

（本表主要根据吴华发、吴楚芳、罗添福、李富平等人的口述记录整理而成）

三、人口迁移

定居、迁移、开垦、再定居——人类自古以来就处于持续不断的迁徙运动之中，因而人口迁移是人类生存、开拓、发展史上最为久远的经济、社会、军事、政治、文化现象。三灶镇及其辖下的鱼林村、红星村今天的人口居住情况，也同样是从古到今的人口迁移过程的延续。1985年，文物工作者在三灶岛多处史前遗址和遗物点发掘或采集到大量石器和陶器等文物，证明了早在4000多年前的新石器时代，尽管三灶只是浩瀚大海中的一个无名孤岛，也已经有人类在岛上居住和生活。史书上将这些先民称为"古越人"（百越、百粤），而这些先民后来又迁徙到了何地，则很少为人所知①。

从后来的情况来看，广东各地的人口基本上都是各个历史时期从中原南迁过来的，主要由三大方言族群构成：广府方言、潮州方言和客家方言。在各类历史专著、地方史志、宗族故事和民间传说中，这些不同时期分别从中原迁移到岭南地区的各大姓氏、宗族的祖先，先期到达西江、东江、北江流域，在粤北和粤东北山区、珠江三角洲、潮汕平原等地区落脚扎根，垦殖耕作，繁衍生息。这些先祖逐渐沿着海岸线陆续往西南方向迁移，到达珠江三角洲平原的边沿地带及其周边的岛屿，以及粤西地区和海南岛。三灶作为香山县黄梁都管辖之下的村庄，尽管只是位于珠三角地区比较偏远的一个海岛，也应早已有南下的移民迁居于此②。

---

① 《文化三灶》，第16-23页。
② 根据红星村民小组组长何国雄早些年亲眼所见，红星村周边（鱼林小学后山）的瓮葬坟墓因建房而改迁时，其瓮盖反面有"顺治年间"字样。由此推测，红星村一带至少在清顺治年间已经有人居住，这些居民更大可能是从香山等地南下的移民，而不是尚未使用文字的本地居民（详见后文）。

古往今来话红星——历史沿革

　　三灶岛从汉代开始就逐渐有来自中原地区的各姓氏先祖迁入，魏晋南北朝时期以及唐宋元明时期都陆续有更多批次的人口迁入[①]。根据各姓氏族谱记载，在清代则有更多的人口迁入三灶岛的各个村落。1949年中华人民共和国成立以后，由于三灶岛周边地区围海造田，岛上的耕地面积增加，人口承载力增强，同样也有珠三角各地人口陆续缓慢迁入。

　　直到20世纪80年代，随着改革开放的推进和经济的发展，又有少量梅州地区的农民来到三灶（以及中山、顺德等地），开始农业代耕生产，并长期居住在三灶。20世纪90年代至今，三灶镇对外开放取得巨大成效，招商引资和工业化逐渐进入高潮，大量外来务工人员和经商创业人员进入三灶，又形成了一波新"移民"潮。

　　另外，人口迁移中的迁入和迁出总是相伴随的。三灶岛的人口迁移虽然主要是从外地迁入，但也有少量人口迁出的情况。一是从近代开始，岛上人口少量、缓慢地迁移到境外，主要是澳门、香港等地区，还有一些是迁往美洲、东南亚等地。二是珠海经济特区成立至今，有一部分人口迁出本地，到了珠海市中心的香洲、拱北等地。

　　关于红星村历代先民移入的情况，根据《何氏族谱》的记载，以及各位口述者提供的资料，从清代开始便有各姓氏的祖先陆续迁入本村[②]。我们将在后面的章节中予以呈现。

　　在20世纪80年代，有少量来自梅州地区的代耕农来到鱼林村，开始进行农业生产，并长期居住在鱼林村和附近各村。这一情况在后面的章节中也将通过各位口述者的介绍予以呈现。

　　20世纪90年代以来，外来经商创业者和务工者进入红星村，在附近企业务工，或在附近经商做生意，有部分人居住在红

[①] 《文化三灶》，第24-25页。

[②] 遗憾的是，我们经过反复询问，仍无法找到其他姓氏的族谱或家谱，因而难以了解到其他姓氏的迁移和定居六灶（龙塘）的情况，希望今后有机会有所发现。

星村，且已经成为常住户口，这也是不能忽略的。

同样，红星村外迁港澳和海外，以及迁居到三灶镇、珠海市区的人口虽然不多，但一直有少量居民陆续迁出。在他们身上和他们的家庭中发生的外迁故事，也同样值得记述和呈现，从而留在我们的记忆之中。

这些记载、传说、故事，作为社区史的重要组成部分，在本村历史中具有重要意义。慎终追远，奋斗当下，展望未来，我们有必要将其记录、传承下来。我们需要将其作为社区的文化财富，使其成为我们的一种精神寄托，也作为拓展未来的一种激励，更成为红星村村民生活、发展的巨大力量。同时，它也能使一个具体的社区微观文化融入更大范围的历史和社会之中，为构筑久远丰富的岭南文化和中华民族文化宝库做出自己的贡献。

（编写：万向东）

第二章 起源与传说——被遗忘的明清与民国时期

红星村古名"六灶",村庄的起源与三灶岛的煮盐业密切相关。据史料记载,南宋时,煮盐业已是香山一带主要的经济来源之一。由于三灶岛地处边陲地区,即使在清朝初年海禁期间,岛上的私人煮盐、卖盐行为仍禁而不断。后来官府在其附近设置盐署,本地的煮盐业日益受到重视,由此带动农业、渔业及商业的发展,也吸引了人口的迁入。不同地方、不同姓氏的家族、个人迁居到三灶岛,其中包括龙塘村的先祖们。他们围垦造田,捕鱼煮盐,勤劳耕作,聚族成村,在这片土地上繁衍生息。

一、三灶煮盐业与六灶名称的由来

【精彩语录】

"本地存在着多处瓮葬坟墓。墓中的瓮棺(即陶制的瓮罐),本地人叫'塔'或'金塔'。……有些瓮葬坟墓是数层瓮棺叠在一起的。"

"被发现、发掘的最早的瓮葬坟墓,是清顺治年间的。"

"迁坟,现在很多人都不做这种东西了。我就找了一个现在住在榄坑村的本地人,他专门从事这个行业,叫'仵作佬'。"

"1963年年底到1964年建龙塘小学,当时(挖)起了很多金塔,一层层的。"

"从康熙元年到康熙二十二年实行海禁和迁界政策……三灶人是从康熙三年开始内迁的,迁到斗门黄杨山下。"

珠海红星村口述史
——一个南海边陆工业化村庄的变迁

"有钱人就来召集盐场失业的人,让他们偷偷跑到三灶来煮盐,所以红星村村民说'六灶'是商人带来的,这很有可能。"

"从乾隆四年到乾隆五十四年这 50 年间,是官府在三灶正式管理盐业的阶段,加上前后私盐时期,三灶的煮盐业经历了大概 100 年的时间。"

"同治版《香山县志》中有一张《三灶乡图》……1862 年以前的三灶岛的面积大约为 35 平方千米。"

"新中国成立前,三灶岛上每家每户吃的盐都是自己煮的。"

"煮盐的方法是这样子的:在沙滩上挖一个大坑……"

"明朝末年,三灶已有人居住,定居在春花园,地名为'公仔岭'。以前日本仔遗留下一间木屋,新中国成立后政府要来用作三灶卫生院,即现在旧卫生院的地方。"

"乾隆年间,茅田村村前还经常有船出入,到嘉庆中期就全部变为田地。现在鱼林一带,咸丰至同治年间已经围垦成田。"

"我十四五岁时听老人讲故事,其中一个老人 70 多岁,讲三灶历史。他讲的三灶名称的来源又是听上两代人讲的。"

"现在的三灶街,它以前叫'牛墩街'……农民在这片空地上放牛。咸丰到同治年间,很多新会人到三灶牛墩那里开铺做生意。做着做着做成一条街,就叫'牛墩街'。"

"龙塘村的土地最初是一片海皮(沙滩),现在土层五六米以下都是沙。村子原址在石场后边,现在还有农田和一些断瓦残壁。"

"和'三灶'名字的来由不同,'六灶'的 6 个灶是人工砌成的……6 个灶很早就没有了,后来那里被扒平,建了国辉厂。"

"……跟着妈妈去榄坑村取盐。沙滩上干涸的地方铺了一层白色的粉末,我们用瓦片、铁板、灰匙之类的东西将其刮起来装到桶里洗,盐溶到水里,沙石沉淀,这样来过滤,然后把水担回家。"

1. 发现金塔——从墓葬推测红星村最早的先民

红星村（六灶、龙塘）建村始于何年何月，今天已经难以考究。据村民回忆，听说此地在各姓氏家族移入之前，已有渔民居住，丧葬遗迹有别于本村后来的风俗。红星村在农田开垦、房屋建设中，曾发现本地存在着多处瓮葬坟墓。墓中的瓮棺（即陶制的瓮罐），本地人叫"塔"或"金塔"。另外还有一个特点，即有些瓮葬坟墓是数层瓮棺叠在一起的。

葬俗是有关人生终结的礼俗，近现代的葬俗多能从渺茫悠远中寻求源头。如盛行于东南沿海地区的瓮葬习俗（亦称"启棺拾骨"），其历史便可上溯至约7000年前的新石器时代。据记载，在已经发掘的仰韶文化墓葬中，陶制瓮棺是初民最早大量使用的葬具材料，这就是人们常说的"瓮棺葬"，亦即"瓮葬"。

根据何国雄早年亲眼所见，红星村周边的瓮葬坟墓在改迁时，被发现、发掘的最早的瓮葬坟墓，是清顺治年间的。其瓮盖反面有"顺治年间"的字样。由此可见，红星村一带至少在清顺治年间已经有人居住，这些居民更大可能是从香山等地南下的移民，而不是尚未使用文字的本地居民。

另有几位口述者在访谈中也提到了过去发现的瓮葬坟墓。

何国雄：
那是2010年，隔壁村的宅基地有坟墓，要清拆。我朋友原来有一块自留地，自留地里有一个坟墓，墓里有一块石壁（碑），要找人迁坟，现在很多人都不做这种东西了。我就找了一个现在住在榄坑村的本地人，他专门从事这个行业，叫"仵作佬"。

我就叫他过来。他挖了下去，全部是黄泥。一直挖，挖不到，就打电话给我。我说你挖下去肯定有的。然后挖了差不多有六七米，就看到了，费了很大的劲，挖到了就用绳子绑住坛子吊了上来。

就是平常的坛子那样，很大的，有这么大（用手势比了一下）。平常人家放那个都是很大的嘛。

后来他叫我过去看，我没有拍照片，因为这种东西我不敢拍照片。他就把那个盖打开，叫我去看，我去看了，看到里面有一些指头和一个骨头。

那个瓮盖的反面，就写着"顺治年间"。

具体地点，就是东升村的山上，即鱼林小学的后山上。

李富平：

1963年年底到1964年建龙塘小学，当时（挖）起了很多金塔，一层层的。1971年修公厕，挖化粪池挖出了4层塔，推测是当年这里地势很低，海水冲积泥沙，一层一层垒起来的。它不是村的祖坟，而是别的先民的老坟。在三灶还未有人定居的时候，沙埔一带就是坟地了。

我们村下面以前全是大海，三灶是一个海岛，一两百年前，渔民出海回来，把死去的同伴埋在大沙顶。

我的房子1986年拆了重建，也挖了一座塔，找"神婆"看，说我屋子下面还有很多塔。我叫"神婆"来拜神。我们这里修房子，一般都会请"神婆"来拜神，主要是请先人离开，我们要建房子。那些挖出来的先人的骨头，村民通常自己买塔装起来，再迁到山边埋起来，上香，就可以了。现在这块地建了国辉厂、纸箱厂，其他全部是村民建的房子。国辉厂以前在村尾，那里有石栏用来拜神。现在何村长[1]家附近就有三角石，是用来拜神的。

我们这里的风俗习惯，"老人死佬"（死后）放进棺材抬

---

[1] 书中村民所说的"村长"，实际上是指红星村民小组组长。红星村是一个自然村，在行政管辖上只是村民小组，隶属于鱼林村。鱼林村作为行政村，其村长现通称为村主任。而红星村民小组组长被村民称为"村长"，只是本地人的一种习惯说法。后文中多次出现"村长"，情况同此，不再——说明。

去那里 3 年,满 3 年就把骨头挖出来装进瓮缸,埋到大岭头那边①。

2.《三灶乡图》以及围海造田带来的地理变迁

同治版《香山县志》中有一张《三灶乡图》(如图 2 – 1 所示。其中六灶位于图中间偏下的位置)。这张图里有比例尺,图底是格子,有山;有海的地方没有格子,注明一格是一里(500 米)。根据这个比例尺,我们粗略地算了一下,1862 年以前的三灶岛的面积大约为 35 平方千米,但是现在的三灶岛已经差不多有 100 平方千米了,约是原来的 3 倍。

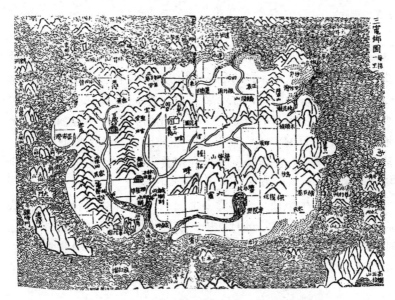

图 2 – 1　三灶乡图(资料来源:《中山县志》插图)

---

① 在浙、闽等地,将亡者棺材停放待葬,或浅埋以待改葬,叫停柩、浮厝、暂厝。三灶的这种古代丧葬风俗与之有相同之处,但在最后环节采用了更为古老的瓮葬。

历史上，珠江水夹杂着泥沙流动，泥沙沉积，小岛慢慢变大，像中山市的东海十六沙、西海十八沙一样。单靠泥沙沉积，岛不会变大得那么快，主要还是人工围垦。到了清朝，围垦在三灶已经是"家常便饭"了。有围垦就有土地，有土地就有人口，有人口就有村庄，现在很多村庄的名字都带有围垦的痕迹，如谭家围、大围边、浪仔围、阿廖围、老塘（庞）围。20 世纪 60 年代，三灶人民进行了"农业学大寨"运动，战天斗地，长年驻守的部队也参加围垦。到了 1974 年，三灶岛面积已增大到 64.2 平方千米（见三灶镇政府未刊资料《三灶岛史资料》）。三灶岛之所以变大得那么快，是靠围垦围出来的。

3. 煮盐——三灶岛最早的人类生产活动

关于明清至民国时期的六灶村的历史，现存的史料记载稀少，且由于年代久远，能进行完整忆述的史料更是凤毛麟角，这令本章的编写存在不小的难度。不过我们可以从更开阔的角度——三灶的历史来看红星（六灶、龙塘），其中煮盐业是这个地方历史上浓重的一笔。项目组有幸采访了三灶历史研究专家、原三灶镇党委书记王定一，请他介绍关于煮盐业与三灶历史的研究成果。

王定一先生原任三灶镇党委书记，现已退休，但他仍然活跃在三灶镇城乡文化建设的行动中，积极收集资料，编撰著作。他退休前长时间在三灶镇担任领导职务，对三灶的历史非常熟悉，提供了许多关于三灶古代历史的口述资料。

王定一：
在唐朝的时候，现在中山、珠海的大部分面积都归东莞县管辖。唐朝至德年间，东莞县成立了香山镇，管辖地域包括现在中山的石岐等十来个镇的范围，以及珠海的山场、前山、唐家一带。

起源与传说——被遗忘的明清与民国时期

香山镇虽然面积不大,但它有两种突出的经济资源:一是鱼,二是盐。为了发挥这两种资源的作用,解朝廷国库空虚的危机,朝廷将香山镇从东莞拿出来,并将新会、番禺、南海和东莞4个县临海的部分全部划出来,给了香山,把香山升格为香山县①。其中从新会县划给香山的沿海地带就是今天的斗门、白蕉、乾务和三灶岛。香山盐场带动了整个香山县地区的繁荣。香山盐场位于现在珠海香洲的山场村、翠微村一带。山场村古名叫"濠潭",盐场设在那里后就改名为"香山盐场"。叫着叫着,人们嫌4个字长,就改叫"香山场",古书上写的都是"香山场"。后来还是嫌麻烦,就把"香"字去掉,改叫"山场",现在的山场村就是这样来的。

到了明朝中期,这个盐场开始走下坡路,原因是当年的珠江三角洲兴起了另一股经济热潮——造沙田。海水不断把泥沙往山边推,泥沙沉降,沙堆慢慢地高起来。有钱人请人搬石头来筑堤,把海水隔在外面,然后从山上引山泉水冲洗泥沙,把盐度降低,最终变成农田。有钱人造田造得多了就变成了地主。后来造田的人越来越多,甚至把田造在香山盐场里,挤占了盐场的空间;而且不断引山泉水冲洗,整个海湾的盐度也下降了,再加上从海上取水的路程变得远了,煮盐的成本越来越高,煮盐也就没钱赚了。

清朝为了解决郑成功反清复明的问题,从康熙元年到康熙二十二年实行海禁和迁界政策,下令广东沿海的所有居民不准出海,全部后退50里。三灶人是从康熙三年开始内迁的,迁到斗门黄杨山下,不听话的只有死路一条。香山盐场划到界外去了,到界外去煮盐就更困难了。但是因为有那么多盐户、盐工要生活,要出路,新会、顺德那边的有钱人就来召集盐场失业的人,让他们偷偷跑到三灶来煮盐,所以红星村村民说"六灶"是商

---

① 设置香山县的时间是南宋时期(见第一章的历史沿革)。

人带来的，这很有可能。海水的咸度足够，一个商人投资6个灶，找一些工人在这里煮盐，分散地经营也是有可能的。

　　清朝初年开始不断有人跑到三灶来煮盐。私人自己煮，自己卖，这种叫私盐，朝廷是不准的，但是三灶山高皇帝远，从始到终都是私盐不断。待到康熙二十二年解决了台湾问题时，到三灶筑灶煮盐的也越来越多，官府便开始管治。到了乾隆四年，朝廷正式把盐署从山场搬到三灶。从乾隆四年到乾隆五十四年这50年间，是官府在三灶正式管理盐业的阶段，加上前后私盐时期，三灶的煮盐业经历了大概100年的时间，这是三灶非常重要的一段历史。由于煮盐业受到了重视，炮台山上便架起炮来保护海上运输。盐业带动了商业和农渔业，很多人来种田、打鱼、做生意，连外国人也来这里做生意，运来胡椒、象牙、香料等，以物易物，换我们的丝绸、陶瓷等。

4. 村名"六灶"与煮盐的关系

王定一：

　　六灶村的"六灶"据说起源于村口整整齐齐排着的6口煮盐的大锅。至于它们是村民煮盐用的，还是外人或者盐场煮盐用的，就搞不清楚了，但起码清朝时就有了。

　　新中国成立前，三灶岛上每家每户吃的盐都是自己煮的，没有到外面去买盐的。

　　煮盐的方法是这样子的：在沙滩上挖一个大坑，让海水慢慢注入坑里，海水长期浸泡沙滩，潮涨潮退。到了秋冬季节，太阳还是那么的猛烈，但是很少下雨了。经过日照，沙滩上铺了一层白白的粉末，那就是盐花了。人们用煮饭的铲把盐和沙慢慢地铲起来，拿到挖好的坑里去洗，让盐溶解在水里面，这样反复地洗，到了一定程度，用手指蘸水舔一下，看盐度是否足够。如果觉得够咸了，再拿鸡蛋放到水里，如果鸡蛋浮起来，说明含盐量在30%以上。接着小心地把坑里的水全部舀到桶里，拿回家，再放在锅上煮,煮干了盐就出来了。

除了王定一先生,红星村的两位村民——吴华发老人与何沛良老人,也分别向我们讲述了从长辈那里听到的传说。何沛良还回忆起小时候随母亲去取盐、煮盐的经历。我们可以从这两个人的回忆中,一探六灶村煮盐业的历史以及村名的来历。

吴华发:
这里以前叫六灶,康熙至雍正年间已有人居住。初时没有村名,只有三两户人家。

后来海水逐渐变浅,形成一条沙径。当时有很多渔船出没于六灶村山边,那里是渔民的根据地。现在有代耕户建房掘地基,掘不到五六十厘米就掘到尸骨,掘到一米五六深又掘到两具尸骨,这证明以前六灶村是渔民出入避风的地方。

又经过一段时期,海水变得更浅,浮起一座沙丘,住在半山腰的姓罗的人开始围海造田种粮食。在乾隆至嘉庆年间,这座沙丘高了起来,外地人在那里筑了6个灶,用来煮盐。这6个灶被留了下来,故此叫"六灶"。

何沛良:
龙塘村的土地最初是一片海皮(沙滩),现在土层五六米以下都是沙。村子原址在石场后边,现在还有农田和一些断瓦残壁。村子一开始叫六灶村。

和"三灶"名字的来由不同,"六灶"的6个灶是人工砌成的。东升村村口有一片沙滩,外地的盐贩、盐工来到沙滩晒盐。我们村子靠近山,风没那么大,外地人便沿着河涌走到村口,筑了一排灶,共6个。每年晒盐的时候,他们就过来煮盐。那个位置在河涌边,已经是村子的尽头,土话叫"掘头氹"。6个灶很早就没有了,后来那里被扒平,建了国辉厂。

43

我小时候，每年过年到 4 月之间，会跟着妈妈去榄坑村取盐。沙滩上干涸的地方铺了一层白色的粉末，我们用瓦片、铁板、灰匙之类的东西将其刮起来装到桶里洗，盐溶到水里，沙石沉淀，这样来过滤，然后把水担回家。路程挺远的，回来时往往都入夜了。有时大人白天要开工，就让小孩来煮盐，把担来的盐水煮干。

5. "三灶"名称的由来

吴华发：

三灶镇位于珠江三角洲太平洋岸边，听人讲明朝前期三灶岛还是一片汪洋大海，当时只有 3 座最高的山，第一座叫黄竹山，第二座叫轿顶山，第三座现在叫茅田山①。当时这几座山经常有海盗出没，是海盗的根据地。这 3 座最高的山形成 3 个洲岛，这就是称为"三洲"的原因。

黄竹山山脉是从定家湾、企沙、列圣、月塘至东咀；轿顶山是从春花园背后至木头冲山前大海那边的黑沙环、海澄一带；另一个山脉的山顶以前叫"风流顶"，现在叫"茅田山顶"，周围是茅田山村、屋边村，西边由六灶连到横石基。

以前未有人住的时候，还没有三灶镇政府的那座山，100 多年前因地壳变化才有②。它是从现在的三灶镇政府至北边的榕树仔、鱼弄村、斜尾村再到横洲"龙屎窟"，南边由三灶街、新铺村、圣堂至吉林大学珠海学院。

自从发现三灶镇政府这一带山脉，从此就有两条河流出现，它们把三灶分成 3 个岛，一条从斜尾流出，一条从吉林大学珠海学院那边流出。未有人居住的时候，应该是明朝前期，这两条河水流很急，外国货船、大渔船都是从这两条航道出入。又经过

---

① 茅田山是三灶最高的山，天气最热的时候还有很大的风，以前的人称它的山顶为"风流顶"。

② 口述人原话如此，但应当不是地壳变化的原因，而是海滩淤积或其他原因。

200年的地壳变化，河水逐步变浅。

明朝末年，三灶已有人居住，定居在春花园，地名为"公仔岭"。以前日本仔遗留下一间木屋，新中国成立后政府要来用作三灶卫生院，即现在旧卫生院的地方。就在这个地方，有几户人家定居。

也有几户人家定居在茅田。当时茅田有人住的时候，从现在前锋村至草堂村的一条河流水非常急，在前锋村麦格厂的位置经常有船只沉没。最后由茅田村民在那里起了一间海神庙，现在那里还有一间庙。

后来又经过100年，清朝雍正年间，三灶海水后退，逐步变浅，来自五湖四海的人都到三灶围海造田。

乾隆年间，茅田村村前还经常有船出入，到嘉庆中期就全部变为田地。现在鱼林一带，咸丰至同治年间已经围垦成田。

我十四五岁时听老人讲故事，其中一个老人70多岁，讲三灶历史。他讲的三灶名称的来源又是听上两代人讲的，就是把3个洲即黄竹山、轿顶山、茅田山的海盗遗留下来的3个灶合在一起，故此叫"三灶岛"。

1979年国家派地质队来勘察三灶，追问三灶名称的由来。当时的依据是，榄坑村村口一个山坡下的一棵榕树边有3个小灶，3个灶连成一个。榄坑这3个灶我经常见到，它们不是人工造成的，而是天然生成的。由于海水经常倒灌，它们被淘得很光滑。

同时还有个故事，关于今天三灶镇政府前面的一片空地，即现在的三灶街，它以前叫"牛墩街"。因为在清朝道光至咸丰年间，这片空地是茅田村村民的田地，农民在这片空地上放牛。咸丰到同治年间，很多新会人到三灶牛墩那里开铺做生意。做着做着做成一条街，就叫"牛墩街"。和平①回乡时，牛墩街改叫

---

① 每位口述者都把抗日战争的胜利称作"和平"，意思很容易理解，但这种口头表达又明显不同于正式的和流行的官方表述，仿佛带有某种社会历史语言学的意义。

"雅墩街"，即现在的三灶街。

另外，三灶形成一个岛的时候，定家湾村前至湾弓形成3个门——大门、二门、三门。大门口侧边是大冧，二门在湾弓，三门在定家湾北边（即盘古庙）。

二、祖先迁入与六灶村的发展

【精彩语录】

"抗日战争前，六灶村经济以农业为主，渔业为辅。有的村民有船，农闲时会去打鱼。有的村民搞船做运输，装货卖到澳门街。"

"第一批来六灶发展的有姓莫的、姓杨的、姓翁的、姓刘的，后来姓罗的、姓黄的、姓李的也跟着陆续下山到六灶定居发展。"

"日本人侵略三灶前，在六灶定居的已有100多户人。1945年日本投降后回村定居的只有32户人。"

"在日本人侵略我们村之前，村民都在山上的亭角、老李斜、文头屯、大眼浪住。姓吴的住在大眼浪，我们姓李的住在老李斜，姓王的住在中园斜，姓吴的住在亭角。"

关于祖先如何迁到红星（六灶、龙塘）以及村子在抗日战争前的情况，何沛良、吴华发与李富平3位村民都讲述了一部分，其中何氏和吴氏两族均保存有族谱。

据《何氏族谱》（如图2-2所示）记载，何氏太祖原居住在中山石岐张溪，五世祖宗新公因5月划龙舟，避祸迁至三灶岛上的六灶村居住。

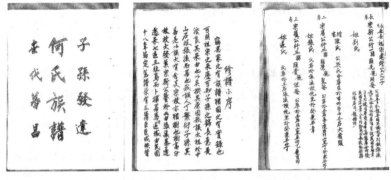

图 2-2 《何氏族谱》复印本封面、序以及龙塘开基祖宗新公小传
（资料来源：何沛良提供）

何沛良：

抗日战争前，六灶村经济以农业为主，渔业为辅。有的村民有船，农闲时会去打鱼。有的村民搞船做运输，装货卖到澳门街。山下有农田，现在麦格厂那一块原来是田。以前村民住南边，（那边比较）凉爽。我的老房子原来也是一片水稻田。

吴华发：

当时姓罗的、姓黄的和姓李的这些人还在原来的地方居住。第一批来六灶发展的有姓莫的、姓杨的、姓翁的、姓刘的，后来姓罗的、姓黄的、姓李的也跟着陆续下山到六灶定居发展。当时姓罗的人比较多，他们早先在半山腰住了六七十年，那时候只有两三户人，搬迁的时候已有十几户人。后来到咸丰年间又从斗门乾务搬迁来了两户人家。日本人侵略三灶前，在六灶定居的已有100多户人。1945年日本投降后回村定居的只有32户人。旧六灶有100多户人家，后来连50%都不到，为什么呢？因为当时村民很穷。村民虽勤劳，但生产出的东西无法到外面去卖，而且海岛交通不方便，生产多少东西都没人要，村民也就无法改善生活。还有一个重要原因是住房小，村民嫁娶时，只能随便建一间，有五六十平方米都算好的了。

李富平：
在日本人侵略我们村之前，村民都在山上的亭角、老李斜、文头屯、大眼浪住。姓吴的住在大眼浪，我们姓李的住在老李斜，姓王的住在中园斜，姓吴的住在亭角。

（编辑整理：姚楠）

第三章　从日本侵略军烧村、逃难到返村

一、三灶岛及六灶村抗日战争前后的历史概况

　　明清至抗日战争前的民国时期，关于三灶以及红星村（六灶村）的历史记载很少。抗日战争期间，整个三灶岛及其辖下的各个村庄都遭到了日本侵略军长时间的侵占和残酷统治，岛上居民也曾被残忍屠杀。当时的六灶自然也经历了同样悲惨和苦难的历程——日本侵略军烧村、屠杀村民，全体村民外出逃难避灾。三灶岛的这一段历史有较多的文字记载，而红星村也有较多的回忆和传说，非常值得记录和整理。

　　抗日战争时期，三灶岛（当时属中山县第七区）是日军在华南地区入侵最早、占领时间最长、制造惨案最大的地区之一。同时，有关三灶岛在抗日战争时期的军事地位和军事行动，日军对三灶岛的侵占和殖民统治，为侵略华南、西南地区而设立的以军用机场为主体的海军第六航空基地，对岛上居民的残杀和奴役，岛上居民英勇杀敌等方面的情况，实际上形成了日军侵略、人民遭受苦难并不屈抵抗的地方史[①]。

　　实际上，就整个三灶岛来说，其抗日战争时期的历史，不仅是日军烧村、屠岛，而且是整个岛屿及其岛民在抗日战争期间遭受日军蹂躏的苦难史。再者，三灶岛这一段惨痛的历史，又是华南地区乃至全中国遭受日本帝国主义侵略和国人艰苦抗战的历史的一部分。

　　1937年8月以后，日军图谋在三灶岛建立海军航空基地。

---

① 赵艳珍：《日军入侵三灶新探》，载《红广角》2016年第1期。

同年12月上旬，日军派敌机在岛上各乡撒传单，扬言要"上陆演习"。12月5日，日军从高栏岛抽调400多个士兵在三灶岛莲塘湾登陆，测绘制定建飞机场的施工图，并将上莲、田心、根竹园、正表、上表、春花园、屋边、茅田、六灶、榄坑、月堂、鱼堂、圣堂、草堂、雅塾、鱼弄等10多个村庄洗劫一空。

日军每到一村，便搜劫财物，杀牲畜，还到周边山林搜索男女，鞭笞、压迫其回乡。

1938年2月17日，日军6000多人再次在莲塘湾登陆，并封锁岸线，建筑碉楼，烧毁房屋，枪杀平民，全面侵占三灶岛。继而征调本岛和外地民工修建机场，以作为侵略华南的海军航空基地。

日军野蛮罪恶的行径激起了三灶人民的反抗。中山县政府派员组织成立中山县第七区社训大队，在三灶、大霖、小霖等地坚持抵抗。大队长由中山县政府第七区公安局局长蔡栋材兼任，副队长为吴发（吴盛加）。1938年4月11日，吴发率34人潜回三灶，袭击敌营，击杀日军20余人，缴获了一批武器。三灶人民持续不断的殊死抵抗，遭到了日军的疯狂报复，日军当日即向几个村庄投弹，烧毁房屋，枪杀村民。

1938年4月12—15日，日军在全岛实行"三光"政策，洗劫14个乡数十个村庄（15日洗劫至六灶等村），烧毁房屋2500余间，枪杀平民数千人。据档案记载，当时六灶原有住户78户，人口480余人，15日遭焚村之祸，13人惨遭杀害，逃出472人①。

据不完全统计，截至1938年5月，日军在三灶岛屠杀的村民有几千人，茅田村的"万人坟"、鱼弄村的"千人坟"均由此

---

① 以上资料参见郭昉凌《三灶机场惨案》《三灶二次沦陷与壮丁袭敌》，周守愚（抗日战争时曾任中山县政府视察兼救济委员）《三灶抗日战争史料》，均见中共中山市委党史研究室《中山市抗日战争时期人口伤亡和财产损失》，中共党史出版社2010年版，第25–28、417–422、465–470页。

而来①。

在日军的铁蹄碾压蹂躏之下,三灶全岛几乎被焚为焦土,尸横遍野,惨绝人寰。成功逃出的三灶岛居民,颠沛流离,九死一生,其遭遇也同样悲惨不堪。有些逃往附近山林的人被捉回杀害,有不少人饿死在逃难途中,还有的人客死他乡杳无音信。从1938年至1945年,日军占领三灶岛7年,直到抗日战争胜利日本投降,日军守军将机场炸毁之后撤出,外逃的难民纷纷回乡,三灶岛才重新回到人民手中。

抗日战争胜利之后,六灶村的村民陆续回到了村子里。但经历了焚村和杀戮的村庄,已经是满目疮痍,惨不忍睹。村民不愿住回原处,一时之间也来不及重建,便在周边山上搭建茅寮暂住。不久,因为连片的茅寮失火,整个村庄又一次遭遇了大火烧村的惨剧!但是,六灶村的先辈们并没有被压倒,他们振作精神,坚强不屈,重回旧村场建房居住,逐渐回归到正常的生活和生产中。

三灶岛以及红星村(六灶村)这一段悲惨的历史,在经过了70多年之后,虽然大部分亲历者已经逝去,大多与之相关的事件也可能已经失传,但也有不少传说和故事在先辈的讲述中流传下来,村中各姓氏的族谱中也有所记载。在本次口述史编撰工作中,编者进行了较为详细的收集整理。

(编辑整理:万向东)

---

① 高薇、邓泳秋、何伟楠:《中山打响华南抗日战争"第一枪"》,南方网·中山新闻2015年7月23日。

二、日本侵略军焚村与村民逃难

【精彩语录】

"1938年日本仔打过来……六灶被日本仔烧平、烧净了。当时有些是泥墙屋,用黄泥做的,很硬,就烧得只剩下泥墙了。"

"全村人都走了,有的走到山顶大石窿,有的走到叠弄的龙塘石。我们家走到鲮鱼村,我就是在鲮鱼村出生的。"

"日本仔在鱼弄村大屠杀的那天,有的人在机枪扫射前倒下装死。到了晚上,他们爬过死人堆跑到六灶村,向亲戚通风报信:'日本仔在鱼弄杀人了,你们快逃跑!'"

"那天晚上我们一家跑上山,藏在大石窿里,白天不敢出来。"

"有些人在山里几天走不出去,就饿死在山洞里了。"

"整条村的房屋都烧掉了,只留下断墙残壁,上面的瓦片都烧没了。"

"三灶除了海澄村,其他村经过大屠杀、逃难,都变成空村了。"

"很多村民都跑去澳门了,绝大部分人都没有亲戚在澳门,所以就等于去当难民了。"

"很多三灶人早上坐小艇到横琴砍柴,拿回澳门卖给有钱人做生活用柴,也有些卖给做饮食的人。横琴的山养活了三灶60%的难民,后来柴砍没了,就去挖柴头,最后连柴头都没有了。"

"老爸在澳门住了一段时间,就跑去香港。香港沦陷后,日子变得异常困难,人们又往回走。老爸不敢回三灶,便在拱北关闸替人家种田、放牛、养鸭,当时关闸还没有日军驻扎。"

"当时去澳门,都是先去路环,那时的船就停在路环。我们这条村的人去路环那边多数是卖凉茶、掘柴头。"

"你阿爸找个棺材板游泳去澳门街，在氹仔耕田种菜就挣到口吃的。"

"日军实行'三光'政策，我母亲又带着我们三姐弟去台山县赤溪，最后父亲在赤溪找到我们，才带我们转移到香港。"

"日本仔在小林设立了一个司令部，大批皇协军（即伪军）搞得民不聊生、乌烟瘴气。特别是1942年，人们饥寒交迫，甚至连猪糠、麻叶都没的吃。每天起码有两三个小孩饿死，后来连大人也饿死。"

"和平后回来看到村全部都荒掉了，有一些断墙还能看到，好多好大的树，好密的藤、草，都长在墙头边。"

"烧村的时候，村里的人逃走一部分，被杀掉一部分。和平后，我看到田里、水沟里有很多人的骨头……本村有一二十人被日本仔杀掉。"

有好几位村民向我们进述了日军焚村和村民逃难的故事，他们或曾经亲身经历过，或听父母回忆过当时的经历。

吴楚芳：
1938年日本仔打过来，在海澄登陆。六灶被日本仔烧平、烧净了。当时有些是泥墙屋，用黄泥做的，很硬，就烧得只剩下泥墙了。全村人都走了，有的走到山顶大石窿，有的走到叠弄的龙塘石。我们家走到鯭鱼村，我就是在鯭鱼村出生的。

何沛良：
我家有两个男丁、两个女孩，我排行第三。本来我还有一个大哥，和平后还未搬来三灶住的时候，大哥便去世了，没多久大姐就出生了。

我听说，日本仔在鱼弄村大屠杀的那天，有的人在机枪扫射前倒下装死。到了晚上，他们爬过死人堆跑到六灶村，向亲戚通风报信："日本仔在鱼弄杀人了，你们快逃跑！"有的村民坐船走，有的村民找不到船，就连夜跑到茅田山顶。

听我老爸说，那天晚上我们一家跑上山，藏在大石窿里，白天不敢出来。因为日本仔白天搜村，晚上回到机场那边的营地，所以到了第二天晚上，家人摸黑下山，就在大围的码头上船去澳门。

有些人在山里几天走不出去，就饿死在山洞里了。整条村的房屋都烧掉了，只留下断墙残壁，上面的瓦片都烧没了。

很多村民都跑去澳门了，绝大部分人都没有亲戚在澳门，所以就等于去当难民了。澳门当时在葡萄牙的统治之下，日本仔不敢乱来。路环和横琴很近，只有一河之隔。

很多三灶人早上坐小艇到横琴砍柴，拿回澳门卖给有钱人做生活用柴，也有些卖给做饮食的人。横琴的山养活了三灶60%的难民。后来柴砍没了，就去挖柴头，最后连柴头都没有了。

老爸在澳门住了一段时间，就跑去香港。香港沦陷后，日子变得异常困难，人们又往回走。老爸不敢回三灶，便在拱北关闸替人家种田、放牛、养鸭，当时关闸还没有日军驻扎。

后来连澳门街的人生活都变得很困难。老爸听人说日本仔在小林、大林那边开矿山。"唉，那里日本仔请人取矿，不怕饿死，有的吃就行啦。"落难时顾不上有没有工钱，只要有的吃就行了，于是很多三灶人就到那边取铁矿。三灶除了海澄村，其他村经过大屠杀、逃难，都变成空村了。

吴华发：

我1934年出生，走日本仔时我才4岁。我也是听我父亲说了一点点。日本仔未侵略三灶岛前，父亲就叫母亲带着我们三姐弟走，父亲留在家里。初时我们先到南水亲戚家住，直到日本仔真的侵略三灶，那时候日军实行"三光"政策，我母亲又带着

第三章 从日本侵略军烧村、逃难到返村

我们三姐弟去台山县赤溪,最后父亲在赤溪找到我们,才带我们转移到香港。

在香港也无法立足。当时因为没有路费,父亲被迫将我姐姐卖给大屿山梅窝一家人做童养媳。1944年我姐姐被蛇咬到脚,在那个家里无法得到医治,直到1945年和平后,父亲才把我姐姐带回来。自从父亲将姐姐卖给别人家之后,就拿姐姐的卖身银做路费到小林,定居在那里。头几年生活过得很安定,后来日本仔侵略香港,香港沦陷。

那时候是1941年,接着就是太平洋战争,这个真的惨。日本仔在小林设立了一个司令部,大批皇协军(即伪军)搞得民不聊生、乌烟瘴气。特别是1942年,人们饥寒交迫,甚至连猪糠、麻叶都没的吃。我也不例外,但我母亲做点小生意,穷归穷,也还没有别人饿得那么惨。每天起码有两三个小孩饿死,后来连大人也饿死。1942年冬天,日本仔在大林开采钨矿,需要劳动力采掘,就没有饿死那么多人了。

何国荣:

日本仔侵略的时候我爸才8岁。他9岁的时候跟着别人逃去澳门,和平之后就回到村里。当时去澳门,都是先去路环,那时的船就停在路环。我们这条村的人去路环那边多数是卖凉茶、掘柴头。我爸在澳门的时候,也是在路环掘柴头。所以现在讲笑话还有这样的说法:"你去澳门做什么?去路环掘柴头啊?"①

李锦月:

小时候听我妈讲以前的事就觉得很凄凉了。日本仔入村杀人的时候,那些阿叔、阿公说:"今晚日本仔来啦,准备好走啦。"

---

① "你去路环掘柴头?"这样一句笑话,不知包含了多少日军侵略三灶时村民逃难到澳门的悲惨艰辛的故事。作为难民,不仅要坚强地活下去,还要乐观地面对苦难,可谓苦中作乐。

有些人不相信，碰到日本仔就被杀了。我爸妈逃到山上的大石窿里躲起来。我妈说："连小船都没有，你阿爸找个棺材板游泳去澳门街，在氹仔耕田种菜就挣到口吃的。"当时爸妈带着大哥，大哥生病了，没钱治病，就死了。

吴华发：

日本仔烧村，和平后回来看到村全部都荒掉了，有一些断墙还能看到，好多好大的树，好密的藤、草，都长在墙头边。烧村的时候，村里的人逃走一部分，被杀掉一部分。和平后，我看到田里、水沟里有很多人的骨头，死的人里有本村人，也有外地人。本村有一二十人被日本仔杀掉。

那时候六灶村开村已经有100多年了。1945年和平回来，带头人说不要在这里住，这里风水有问题，住了几十年还这么穷，又没有出过厉害的人。说近山边龙气好，就叫搬过去。那里以前是田来的，想建一条新村，就得挖泥啊，挖田啊。

回来早的人，就在山边填土搭茅棚。那时候全村只回来30多户人。1947年3月火烧茅寮，7月到8月又重新搭好。那时候还要割禾，人力不够，我老爸身体又不好，在卫国（大围边）租人家一栋小房子住。10月刚搭好茅棚。

那时候罗全管理我们村，他找来姓张的风水先生，说还是旧村场这里好，以后这条村增加人口很厉害的。事实上，10年后人口真的多了很多，个个都有四五个、五六个子女。

三、《何氏族谱》的相关记载

【精彩语录】

"迄期至民国二十七年正月十七日日军侵占本村，将我十三保屋一概焚毁，瓦砾无存。……阖家逃难于澳门东海上民村居住,一年后转迁路环谋生。"

"因日军侵占本处,将我十三保大小屋宇任意烧毁,片瓦无存,变为平地,惨杀乡亲,约有四五千因此罹难。"

"亚兴(十三传,系积仪公之子)……民国三十一年适逢米荒,卒致饿毙。"

"治荣公(十三传,系积仁公之子),被日寇杀害。"

"治垣公(十三传,系积南公之子,行三)……因民国三十一年米荒在沙尾地界失踪。"

"健华公名来福(十四传,系兆辉之子),因民国三十一年米荒饿毙。"

"桂华公名北林(十四传,系观德之子,行一)……逃难时于路环因米荒而饿毙。"

"启富公(十四传,系治明公继子)妻子曾氏,被日寇杀戮。"

编修于1948年的本村何姓村民的《何氏族谱》亦记载了日军焚村、屠杀村民的暴行。幸存的村民流离失所,生活困苦。村民多逃至路环,以伐薪打柴为生,但粮食短缺,多人死于饥荒。据《何氏族谱》记载,1942年澳门路环发生了米荒,多人饿毙。

积南公(三房十二世祖尧仰公之子,行第二,生于清同治壬申年十二月二十九日)为人平生诚实节省俭勤孝顺,父母怀尊乡邻,少年英俊。外出营谋向在澳门之处经有多年,与人和善,遇有困难,处之泰然,全无争斗之志,只有劝人从善之道,智识……(模糊)未几,旋家结交友情日见日广,是以在雅墩街租得一铺经营木业。觉经多年,逐渐繁盛。至于民国二十二年之时,蓄有余资,则在该街购地建铺一间。迨期至民国二十七年正月十七日日军侵占本村,将我十三保屋一概焚毁,瓦砾无存。当沦陷织鬃,阖家逃难于澳门东海上民村居住,一年后转迁路环谋生，至民国三十年因病终世。

治绵公（十三传，系积南公之子，行一）少年好学，文才卓识，人品纯良，善能曲直，常怀入则孝出则悌。自高小肄业完成后，跟随父亲经营。因日军侵占本处，将我十三保大小屋宇任意烧毁，片瓦无存，变为平地，惨杀乡亲，约有四五千因此罹难。公迫跟随家人外出住，采柴度日。值此饥寒交迫，何可言宣？公原属饱学之人，骤然至此，不惯饥寒，亦系忍之，终日回忆家乡无辜告失。遂致以虑成痨。未几，从此患病身故。

查其原因，缘于吴发、关国华、关兆霖①先后各率领队伍偷袭敌营，结果成功亲持敌首到县领功。平日敌性如虎，何况至此不发之势耶？因此更挟大仇，竟将我乡未逃之民围捕杀之，将屋烧光之。故也，民国廿八年三月十日夜，由外归来杀敌。

治权公（十三传，系积南公之子，行二）少年好学，文才超卓，正直善良，待人接物礼仪彬彬，工作任劳任怨，勤劳苦干，不辞艰辛。自高小学业完成，擅长书法，尤以楷书为优。由于家境清贫，未能深造，随父兄在三灶从事木业。奈何因日寇入侵，烧杀掠夺，生灵涂炭，遂随兄到三民（拱北）、路环伐薪、打鱼、木工营生。由于国破乡失，父母兄长相继去世，几经折磨，兄弟之情深，兄长病危仍形影不离，以致染上风湿关节炎疾，几次为嫂弟谋生倾囊相助，两次船上遇险。日寇投降回乡后，嫂弟触景伤怀，染疾去世。除承担后事外，仍抚养侄儿，成家方安平生之愿。由于几经不幸遭遇，儿女失手，忧郁成疾，不幸于一九六六年六月廿三日巳时去世。

亚兴（十三传，系积仪公之子），少年因逃避日军居住在五区沙尾村，求工时以民国三十一年适逢米荒，卒致饿毙。

---

① 此处《何氏族谱》的记载跟本章开始之处所引中山市地方志的记载基本上是一致的。

治荣公（十三传，系积仁公之子），被日寇杀害。

治垣公（十三传，系积南公之子，行三）配周氏，因民国三十一年米荒在沙尾地界失踪。

健华公名来福（十四传，系兆辉之子），因民国三十一年米荒饿毙。

桂华公名北林（十四传，系观德之子，行一），因日兵由民国廿七年正月十七日侵占本处，逃难时于路环因米荒而饿毙。

启富公（十四传，系治明公继子）妻子曾氏，被日寇杀戮。

(《何氏族谱》)

四、"火烧寮"与迁村

【精彩语录】

"1946年2月我回乡，当时回乡看到涨潮时一片汪洋大海，退潮的时候大大小小的红树看着相当惨。"

"1946年，我们一家回到六灶村。村长建议不要在旧村场住，说风水不是很好，于是村子搬去大岭头、秧坎仔，在那里住了好几年。"

"没有人敢到旧村场住，都搬到山边住。"

"日本人入侵以后，村民就迁到大岭头山脚下。我大哥就是1949年6月在大岭头山脚下出生的。"

"和平后新中国成立前，大家在山脚下居住，房屋都是茅寮，靠得很近。一场大火就把大家住的地方全部都烧光了，连家私都没有了。在罗全的带领下，大家来到现在的旧村场居住。"

"六灶村'火烧寮'发生在民国三十六年（1947年）。当时火势凶猛，一下子就吞没了整条村子。烧了之后就迁村到旧村场。"

"为什么会烧着呢?因为那时候熏蚊子烧着了蚊帐。当时房子都是茅寮。好一点儿的,就是用泥粘茅草做墙;没有泥的,就用茅草压成一片片搭上去。很容易就烧着了。"

"1947年大概3月的时候,有一户人家用竹子点火,不小心烧了茅棚。开始的时候火很小,喊人去救火,因为当时很久没有下过雨,风助火烧得越来越旺,无法扑灭。不到半个钟头,全村就变成了火海。"

"火灾发生在白天,大部分村民都下田干活,如果家里有老人,还能挽救点什么东西出来;如果家里没有人,那就烧得什么都不剩了。说起来真的很惨,走难时什么都没有,回来几年创家立业,刚起步又被'火烧寮'。"

"以前在大岭头的时候每年都会经历一次火灾。以前有'火烧旺地'的说法。"

"听老人家说,住大岭头的时候经常发生火灾,一烧起来就是一大片,没办法救。有一次我家的房子烧起来,家里有一个很大的缸,里面装着200斤大米,我爸使出九牛二虎之力,竟然把缸给扛出来了。"

"当年9月,有些人搭好茅屋刚刚入住,罗全就叫一个风水先生来看村里的地理环境。风水先生说还是原来六灶的地方(即旧村)好,最后又叫村民在当年冬天全部搬迁到原来的六灶旧村场。"

"搬到旧村场之后,又着过两次火,都是比较小型的、私人的。"

"村子迁到山下来,这里被两座山包围,地形像巨龙环绕着水塘,是一块风水宝地,由此得名'龙塘'。"

"请那位风水先生来看。他把罗盘一放,说村子的地形像一条龙伏在水塘边上,风水很好。叠弄山是龙头,石场是龙尾。石场那边原来是一片农田,山势从那里缓下来,就像龙的尾巴。村子在龙的中间,像横刀一样,剖出一条龙仔。龙仔就是现在麦格磁电厂的位置。"

"从风水学来讲，村里的环境也算优美，左边是石人，右边是石马，中间有美女抱琵琶，我住的地方就是琵琶地。"

1945年8月15日，日军战败投降，六灶村村民也逐渐回迁。由于旧村场已被日军烧毁殆尽，尽是颓墙败瓦，村民就住到了旧村场后方的大岭头一带。刚刚经历了战争的洗劫，村民几乎一无所有，只能搭小茅寮居住。

何沛良：
1946年，我们一家回到六灶村。村长建议不要在旧村场住，说风水不是很好，于是村子搬去大岭头、秧坎仔，在那里住了好几年。

吴楚芳：
没有人敢到旧村场住，都搬到山边住。有天晚上吃了饭之后，大概是6点钟，有一间小茅房，蚊帐点着了，引起了大火，烧了整条村。之后还住了一年才搬下来。保长（相当于现在的村民小组组长）请风水先生过来看过，就叫大家搬回这边住。搬过来的时候是1949年，之后解放军过来了，接管了乡公所、村公所。

吴华发：
1946年2月我回乡，当时回乡看到涨潮时一片汪洋大海，退潮的时候大大小小的红树看着相当惨，但是鱼虾很多。1949年冬三灶解放时我才16岁，家里已经有9口人，一个大姐、两个小妹、三个弟弟，连我一共七姐弟。父亲常年有病，大姐又被毒蛇咬到脚没有好全。家中土地有六七亩，只有我和母亲做田里的工作。我日间在田里工作，晚间到海边捞鱼虾维持生活。因为劳动力不足，每年田里的产量都很低，经济收入不多，生活非常困难。

李锦月：
　　和平回来之后，又有很多大贼抢劫。我妈回来耕田收获了点米后，就跟人到南水、北水去找工作。走到山边，碰到了贼，米都被抢光了。没多久，妈妈生了我大姐，就带着我大姐到澳门氹仔帮人种瓜菜。没有人照顾大姐，我妈就把一包盐给我大姐，让她舔着玩，自己就去做工。

　　抗日战争胜利后，在万难中活下来的村民纷纷返回家乡，在大岭头搭建茅寮居住。灾难过后，百废待兴，搭建的茅寮也非常简陋，仅用竹片夹着茅草做墙和房顶，几乎没有一砖一瓦，而且茅房之间挨得很近，因此很容易发生火灾，而一旦发生火灾，整片茅寮就会全部烧着。一代一代传下来，村民大多知晓"火烧寮"的事情，但对发生的具体时间和过程说法不一。有的说每年都会发生大火烧村的事件，有的说1947年发生了一次。至于起火原因，有的说是因为熏蚊子，有的说是柴火从炉灶中蔓延出来而引起的，而壮年劳动力在外生产，来不及灭火……

　　之所以如此，也许是因为故事过于悲惨，人们不愿意过多地回忆；也许是时间太久，后代人已经逐渐遗忘；还有一种可能是，村民居住的茅寮极容易着火，经常会发生火灾，所以从抗日战争胜利村民回乡搭建茅寮居住开始，到最后在旧村场新建村屋，全村彻底从山上搬迁下来，其间村民们经历了大大小小多次火灾。

　　有的火灾非常严重，这才使村民痛下决心，新建村屋。但必须强调的是，虽然在日军焚屋毁村之后再一次遭受了大火烧村的灾难，但六灶村的先辈们仍然没有被灾祸和苦难压倒，他们再一次选择了勇敢面对，凝聚起力量，回到了旧村场，建起了新的村屋，新的"龙塘村"由此诞生！

关于起火的原因，何华林和何沛良两位村民都认为是熏蚊子点着了蚊帐引起的。

何华林：

为什么会烧着呢？因为那时候熏蚊子烧着了蚊帐。当时房子都是茅寮。好一点儿的，就是用泥粘茅草做墙；没有泥的，就用茅草压成一片片搭上去。很容易就烧着了。"火烧寮"之后我们就搬出来了，是当时的村长（保长）罗全说要搬过来的。

何沛良：

住在山边夏天蚊子很多，有一家人用烂布扭成一条绳，把它点着用烟熏蚊子，烂布掉在地上，死灰复燃，就把房子点着了。茅草搭建的房子，一家着火，整条村就都被烧掉了。火灾发生在白天，大部分村民都下田干活，如果家里有老人，还能挽救点什么东西出来；如果家里没有人，那就烧得什么都不剩了。说起来真的很惨，走难时什么都没有，回来几年创家立业，刚起步又被"火烧寮"。

据李富平和何国荣的了解，"火烧寮"不只发生过一次，几乎每年都会发生。

李富平：

日本人入侵以后，村民就迁到大岭头山脚下。我大哥就是1949年6月在大岭头山脚下出生的。听老人家说，住大岭头的时候经常发生火灾，一烧起来就是一大片，没办法救。有一次我家的房子烧起来，家里有一个很大的缸，里面装着200斤大米，我爸使出九牛二虎之力，竟然把缸给扛出来了。后来有一个叫罗全的，他在村里很有威信，当了保长，1950年由他牵头把村子迁到了这里。

何国荣：
以前在大岭头的时候每年都会经历一次火灾。以前有"火烧旺地"的说法，意思是这个地方要经历过火烧才会旺。老一辈人是这样说的，所以每年都不离开火烧。

但是最后没有办法，就把村子整体搬迁出来，在龙塘这里重新规划。我们这条村这么整齐规划，就是因为我们是整体搬迁出来的。现在大岭头旧村那边还在种菜，我自己也有地在那边。那些地有些叫作"下间仔"，因为以前那里是"下间"。"下间"就是厨房。

那里是真正的自留地，村民以前的房子的地，你现在往下挖还能挖到瓦片。但是遗址基本上没有，因为当时开荒，把地都夷平了用来种植东西。

吴华发当时目击了起火的经过。李锦月也听妈妈讲过"火烧寮"时的经历。

吴华发：
六灶村"火烧寮"发生在民国三十六年（1947年）。当时火势凶猛，一下子就吞没了整条村子。烧了之后就迁村到旧村场。

李锦月：
妈妈怀着我二姐的时候，遇到"火烧寮"。以前是搭茅寮的，没有人盖瓦，烧了一间，整条村就都烧光了。当时我妈大着肚子走不动，就抱条棉被走到山坑里，泡在山坑水里。家里的东西都烧光了，什么都没了，整条村也都烧光了。后来罗全公①说，这里住不了了，去外面住吧。我们搬过来后才把这里弄好，以前这里是浪田，水跟山离得很近。

"火烧寮"之后，当时的保长罗全找风水先生看旧村场是否适合居住，风水先生说旧村场有一座像龙的山环抱着，又有"石人""石马""美女弹琴"等吉祥的景物，是一处风水宝地。于是由罗全牵头发动，村民陆续搬回旧村居住，并逐步拓展了村场的范围。六灶村也因地形特点改名为龙塘村。

罗添福、黄英福、黄国英、谭康娇：

和平后新中国成立前，大家在山脚下居住，房屋都是茅寮，靠得很近。一场大火就把大家住的地方全部都烧光了，连家私都没有了。在罗全的带领下，大家来到现在的旧村场居住。

搬到旧村场之后，又着过两次火，都是比较小型的、私人的。一次是因为做饭，炉灶的火苗不小心点燃了茅寮；一次是因为烧竹子驱蚊子，不小心点燃了蚊帐，结果就着火了。

吴华发：

1947年大概3月的时候，有一户人家用竹子点火，不小心烧了茅棚。开始的时候火很小，喊人去救火，因为当时很久没有下过雨，风助火烧得越来越旺，无法扑灭。不到半个钟头，全村就变成了火海。当时大岭头惨变成一片平地。

当年9月，有些人搭好茅屋刚刚入住，罗全就叫一个风水先生来看村里的地理环境。风水先生说还是原来六灶的地方（即旧

---

① 罗全公，村中晚辈对罗全的尊称。

珠海红星村口述史
——一个南海边陲工业化村庄的变迁

村）好,最后又叫村民在当年冬天全部搬迁到原来的六灶旧村场①。

本来村里的生态环境非常优美,三面环山,有6条山水坑②,土地面积有600多亩,土地肥沃,农耕条件相当优越,一年四季都不愁无水耕种。

特别出名的是响水坑,它一年四季川流不息,水质清晰,水色迷人。从风水学来讲,村里的环境也算优美,左边是石人,右边是石马,中间有美女抱琵琶,我住的地方就是琵琶地。

现在村里的生态环境不好,经过几十年的破坏,特别是"文化大革命"时期"破四旧立四新",石人没了,石马也没了,响水坑被亚洲第一炮给震裂,现在水都没有以前的一小半多。

李富平:

我们村的原名是六灶,后来为什么叫龙塘呢?(20世纪)50年代村子迁到山下来,这里被两座山包围,地形像巨龙环绕着水塘,是一块风水宝地,由此得名"龙塘"。龙头位于现在麦格磁电厂那一带,以前叫龙仔山,龙尾在石场那一带。山上有一块形状像马的天然大石头,白石排有一块形状像人的天然大石头。龙仔山现在还在,只是被挖了一截。

早两年开公路,龙尾被挖了一边。村民说龙尾被挖断,破坏了风水。1977、1978年石马被卫国村的打石佬给打掉了。

何沛良:

有人请风水先生过来看,风水先生说:"山边不能住人,

---

① 关于风水先生看风水、迁村及改村名的具体时间,因时间久远,各人说法不一。编者认为,可能是1947年"火烧寮"之后,罗全请风水先生来勘察,1949年确定"龙塘"这一村名。

② 根据李富平的确认,全村共有8条山水坑,其中有5条主坑——碟弄坑、磨刀坑、芒达坑、甜时坑、芒果头坑,还有3条小坑——龙仔坑、龙尾坑、塘牛步坑。

1938年曾经有一场灾劫，搬出去住吧。"1950年前后，全村才又搬回原来的村址。村民又请那位风水先生来看。他把罗盘一放，说村子的地形像一条龙伏在水塘边上，风水很好。叠弄山是龙头，石场是龙尾。石场那边原来是一片农田，山势从那里缓下来，就像龙的尾巴。村子在龙的中间，像横刀一样，剖出一条龙仔。龙仔就是现在麦格磁电厂的位置，那里原来是一片农田。迁村后，村名便由"六灶"改为"龙塘"。

（编辑整理：何斯华、万向东）

五、一些人物和事件

【精彩语录】

关于罗全：

"罗全没读过书，他是出门出得多。他认识（澳门的）'鬼佬'（外国人），走日本仔那个时候，是救了人的……还帮别人找了工作。"

"1952年农历四月开始进行土地改革和'八字运动'（'清匪反霸，减租退押'）。"

"（罗全）自己劳动，自己种地，没有雇工，怎么可能是地主？"

"罗全很有公心，是一个全心全意做事情的人，处事很公正。"

"（1952年）农历八月他就被枪毙了……罗全被枪毙时50多岁。"

"罗全被枪毙之后，他的妻子因成分不好，过得很艰难。例如，生产队安排她去捡花生，一天只有9厘工分（一个工分为10厘，正常劳动力一天的最高工分为12分）。家里收入来源主要依靠儿子罗球在生产队做工。"

关于曾旺：

"很多水上的蛋家人围基、耕田，他们住在岸上，形成'自然村'，曾旺就是这个自然村的保长。……曾旺在大林时，有一对叔侄……偷玉米挨了打……就说曾旺打死人啰。"

关于早年村里的"有钱人"：

"1950年以前，村里有3家人住的是砖石房屋，其他人全部住茅草泥墙的房子（茅寮）……这3家也不是多有钱的人家，只是经济上好一些。"

关于村里的茅屋、砖石瓦屋：

"1955—1956年全村都开始改建房屋，采用石头和泥砖建房。……到1958年为止，全村就没有茅屋了。"

关于村里的小学：

"和平之后……小学的位置也在大岭头这里。1947年农历三月'火烧寮'，把小学给烧没了，年尾大家就用泥土再盖了一间瓦房，它在1948年农历四月因为大风大雨倒塌了，农历六月又在大岭头那里搭了一间。"

"1949年农历八月初一学校被台风打平了……再重新搭一间……（1951年）下半年解放军过来开荒，有老师过来教，就继续开课。"

"没解放的时候就是自己村去请老师来教。1952年'土改'之后，政府就派了老师过来教书。"

"1962年才有了粮仓后边的旧小学，到1968年就全去榄坑读，1969年开始去鱼林小学读，1975年开始又去榄坑读。读到一九九几年，三灶就建起了中心小学。"

关于日本仔烧村之前及和平之后的村庄建筑：

"抗日战争之前房屋筑土墙，房屋布局是'三间两廊'……这种房子，一是总面积小，房子也都很小。二是……"

"抗日战争前全村有100多户人家。全村总面积大约是现在的一半，在村子的北部。南面（现在的地塘一带）是沙地，也是乱葬岗，都是坟头。西边还有一个水塘。"

关于村里房屋的建筑样式：

"和平后首先是茅寮，有两种：一种是茅草屋顶和茅草墙，另一种是茅草屋顶和挂泥墙。"

"最后是第六种——钢筋混凝土建筑，包括砖混结构和框架结构。"

关于"金鸡啄沙蚬"：

"以前龙塘是一片沙滩，很多外来的渔民会在圣母庙前面停泊渔船。他们砍了庭阁公（本地一位姓吴的村民）的竹子去撑船，惹恼了庭阁公。庭阁公就在圣母庙的前面做了一面墙，并在墙上挂了一面镜子照着沙滩的位置，叫作'金鸡啄沙蚬'。"

1. 罗全及其家庭、子女的情况

吴华发：

罗全没读过书，他是出门出得多。他认识（澳门的）"鬼佬"（外国人），走日本仔那个时候，是救了人的。

那时候，我听说的啊，他在横琴有十亩八亩地，而且去澳门拿潲水回来养猪。其他人没地耕，他就把一部分地给别人耕。

因为认识"鬼佬"，他还帮别人找了工作。

罗全很有公心，是一个全心全意做事情的人，处事很公正。他做保长的时候威望很高，坚持严格管理，办事都是铁面无私的。

我们村的山，是不准人随便上山砍柴的，规定了只能在哪里砍就只能在哪里砍，水土保护得很好。我姐姐是他的契女（义女、干女儿），她上山砍了柴去做篱笆，就被他给抓起来了。回迁到六灶旧村时，他规划了全村的房屋建筑，每一条巷子都规划好，大家建房子时不能超出范围。

罗全的土地也不是很多，自耕自锄而已。走日本仔时他去到澳门，后来到横琴牛角。那里有很多荒地，他们夫妻俩勤勤恳恳，养猪又开荒，生活得比别人好。对农民来说，能够开荒啊，施肥啊，挨得过那时候，收入当然高。他有这个经济基础，于是继续又开荒又养猪。在横琴养猪到澳门卖是很近的。

后来他就叫别人到那边去开荒，你开了多少都是你自己的。横琴那里有山塘，有很多地，他是第一个发现这些地的人。他就这样积累点钱回来，又继续养猪，夫妻俩带一个儿子就有钱剩下。在村里，可以说经济啊，生活啊，就他最好了。

可以这样说，你想做当地的一个领导也好，一个头领也好，如果你的经济比别人好，别人就会跟着你做。要是你经济不好，你也不敢做领导。他的头脑比别人发达，经济比别人好，那他就能够去做。他读书很少，以前没有机会读书。

和平后回来土地都荒了，原来是谁的田就谁种。1952年农历四月开始进行土地改革和"八字运动"（"清匪反霸，减租退押"），他算是稍许得罪了村里的某些人，有人说他的坏话，村里提意见上去，由政府执行。农历八月他就被枪毙了。当时在三灶中学后头的打靶场开的大会，我在现场看到了。

罗全被枪毙时50多岁。他有一个儿子，叫罗球；有两个孙子，一个叫罗锦权，另一个叫罗观胜。罗锦权有一个女儿叫罗改喜，现在住在村里。罗全的其他后人现在全部去了美国。

（采访、编辑整理：吴萍、万向东、徐文法）

吴祥发：

罗全当时家里有点儿钱，有点儿地，但是他自己劳动，自己种地，没有雇工，怎么可能是地主？我见过他，还有一点儿印象。

（采访、编辑整理：吴萍、万向东）

第三章 从日本侵略军烧村、逃难到返村

何华林：
我不太认识罗全，主要是听我妈他们说，罗全是好人。

罗添福：
罗全和平后就回村里来了，是属于比较早回到村子的。当时村里没有田地，罗全就开垦了一些地①。他当保长的时候，在村里有些权力。后面陆续回来的人在罗全开垦的土地上耕种，并不断再开荒。

开荒的同时还盖茅寮。1947年"火烧寮"后，大家从原先的山脚下（现后田菜地的位置）整村迁到旧村场，靠近北边的位置。

罗全在开荒、迁村的事情上做了规划，他请风水先生来看这里能不能住人，并确定重新建村以后怎么做规划。

罗全是个好人，家里有一些土地，当了保长，有一些管理权。外面的人迁居到本村，需要得到罗全的审批同意。

当时我家迁过来的时候，也是要得到罗全的同意的。

（编辑整理：吴萍、万向东）

关于罗全其人其事，我们从村民的零散口述中还了解到：

罗全在民国时期是本地的保长，但家里并没有多少耕地。在"清匪反霸，减租退押"的"八字运动"中，他被认定为"坏人"，但根据一些村民的评价，他是一个"好人"。村里的人要做什么事情都会跟他商量，请他参谋。日军侵占三灶，村民逃难时，因为他在澳门路环认识一些"鬼佬"（即葡萄牙人），所以救活了很多人，也帮了很多人。很多人跟着他砍柴伐木，维持

---

① 从吴华发的访谈记录中得知：日军占领三灶时期，因为日军焚村，本村土地变得荒芜。和平后（即日军投降后），看到的景象是满村荒芜，残垣断壁之中长满了杂树、藤蔓和杂草。后来村民逐渐清理，并复垦了周边原有的耕地。

生活。

罗全被枪毙之后,他的妻子因成分不好,过得很艰难。例如,生产队安排她去捡花生,一天只有9厘工分(一个工分为10厘,正常劳动力一天的最高工分为12分)。家里收入来源主要依靠儿子罗球在生产队做工。

罗全的儿子罗球娶过两任妻子。第一任妻子自杀身亡,留下一个儿子、三个女儿。第二任妻子生了两个儿子、一个女儿。所以罗球有三子四女共七个子女。其中一个儿子叫罗观胜,一个叫罗锦权。

现在,罗全的后代都移民美国,已经是一个不小的家族。他的曾孙女罗改喜留在村里的时间最久,但2018年下半年她也移民到美国了。

我们和罗改喜取得了联系,把整理的文档、口述史和项目宣传资料一起发给她。她说家人现在都在波士顿,他们是1985年才开始逐渐迁到美国的,因为有她姑姑才可以出国(细节未知)。现在他们在美国生活得不错,不会被人看不起(以前村民看不起他们家)。

她看了资料,说自己并不是很清楚,没有说要修改的地方;她爸爸比较清楚,可是现在没办法确认了。

访谈中可以感受到她很在意以前发生的事("我们家以前很惨的,家产被没收了,得不到什么好吃的,大家都看不起我们,有点儿钱都觉得是贪来的"),但也可以感受到她的一些欣慰(大家都知道罗全是好人,"龙塘"这个名字是罗全起的)。

我们和她交流了口述史的资料收集和编辑的事。她说现在就是说出来,也没有用了。我们表示希望以后出版了,可以给美国的亲人一份纪念,毕竟是故乡的回忆和希望。她说:"其实我们不希望回忆,想起来,反而更心痛……"①

(采访整理:徐文法)

2. 曾旺的情况

龙塘村当时除了罗全被划为地主,还有一人被划为富农,他就是曾旺(曾四齐的父亲)。曾旺的后代也有多人移居中国香港和美国。

曾福亮:

我祖父叫曾旺,民国时期家里有些田产,但住房并不是很好。当时他当保长,1950年被划为富农。因为在新中国成立前打死了人②,"八字运动"时他被当成恶霸枪毙了。

我祖母后来也被批斗,1955年(罗添福帮助回忆)被押到

---

① 编者认为:中国历史上的悲剧太多,虽无法去改变,但对一个小小的村庄来说,留下一些记忆,将其历史记录下来,总是有意义的。关于罗全被枪毙以及他的家族后人受到不公正待遇一事,已经成为过去。他的后人不愿意回忆,甚至力图忘却痛苦的过去,都是可以理解的。但历史能保留下来,不仅对前人有纪念意义,也对后人有教育意义。而罗全作为20世纪四五十年代六灶、龙塘村里的重要人物,是有必要留下一些记录的。因此,关于罗全和他的后人,我们仍然希望以后有机会做一些补充,作为社区记忆和村史记录的一部分。我们希望罗氏后人能在一定程度上消除思想顾虑,解除余悸,提供一些事例,帮助我们获知如下一些基本的信息:
   a. 罗全的出生年月和他妻子的姓名,后人及整个家族的基本情况。
   b. 罗全在年轻时期、抗日战争时期、抗日战争胜利后的和平时期的主要事迹,在村里当保长、处理村务等情况。
   c. 罗全被政府枪毙的具体时间。
   d. 罗全的妻子后来的生活、挨批斗、参加生产劳动的情况,以及全家人受歧视的具体情形和事例。
   e. 20世纪80年代分田到户时,罗全家族后人的生产、生活情况。
   f. 罗全后人及整个家族在美国生活的基本情况。
② 根据吴华发的口述内容,曾旺实际上并未打死人,见后文吴华发口述相关部分。

中山五桂山的劳改农场，后来再没有她的消息。

我父亲曾四齐，1926年生，2015年去世，活到89岁。他原籍是高栏那边的，22岁时过继给曾旺当养子，23岁结婚，生育了4个儿子、3个女儿。

老大曾福财，老二是我，老三曾福恩，老四曾池有。3个姐妹中老大曾彩婵，老二曾彩群，老三曾彩燕，老三今年（2019年）也有60岁了。

我1954年出生，现在65岁。1974年的时候偷渡去了澳门，在澳门水产行业的鱼虾铺做工。现已退休，偶尔回村里来住一下。

老大曾福财今年（2019年）70岁，1980年也偷渡去了澳门，现在在澳门定居。

老三曾福恩和老四曾池有现在住在红星村。我姐彩婵和我妹彩燕也在澳门定居。彩婵是我帮她偷渡出去的，彩燕持单程证（去了澳门）再没有回来。

我父亲曾四齐没被划为富农，因为他20多岁才来龙塘，当时很快就解放了，没有"享受"多久富农家的生活。但我家因为祖父的成分和他被枪毙一事，在村里地位低，被人瞧不起。

（编辑整理：徐文法、万向东）

吴华发：

罗全后接任当保长的不是曾旺，是吴家全。为什么呢？罗全不愿意做又推不掉，就让吴家全（吴池大的父亲）当了保长。这时候已经是1949年了，吴家全当一任还不够一年。

罗全不愿意做，后来开群众大会才让吴家全做，家全做到年尾。是他从中山那边带解放军回来的。

曾旺不是龙塘的保长。和平后回来，开放大围的时候转了一些土地给六乡的拾荒佬和疍家人。那时候很多水上的疍家人围基、耕田，他们住在岸上，形成"自然村"，曾旺就是这个自然村的保长。但这些人是流动的,不是定居的,有几十户人。

  杀人偿命,欠债还钱是肯定的,但是曾旺没有杀死人,罗全也没有。我也没见过曾旺打死人。有人说曾旺在大林时,有一对叔侄开荒种玉米,没成,饿得凄凉,偷玉米挨了打,后来"八字运动"时,就说曾旺打死人啰。

(采访、整理:万向东、徐文法)

  罗全和何华林的父亲、吴华发的父亲、李富平的父亲都曾经在新中国成立初期被批斗。关于吴华发的父亲经历的批斗,何华林讲到一个故事:那时候差点儿就要枪毙吴华发的父亲了,但是因为有条村着火,所以就把他关起来,先去救火。隔天就传来消息说不能枪毙人了,所以吴华发的父亲很幸运地逃过了一劫。李富平的父亲当过副队长,也因为提倡"单干"而受到了批斗和管制。

(编辑整理:吴萍、万向东)

3. 早年村里的"有钱人"和几间砖石房屋

吴华发:

1950年以前,村里有3家人住的是砖石房屋,其他人全部住茅草泥墙的房子(茅寮)。

这3家是沛良的父亲何石容家、国雄的爷爷何满家、罗全家。这3家也不是多有钱的人家,只是经济上好一些。

1956年,我家也建起了以石材为基础的青砖房,房子一半是石头,一半是青砖。不是因为家里很有钱,而是因为日军烧村后,村里保留了一些石材和青砖材料,所以建起了一部分是青砖、一部分是石头的房子,屋顶盖瓦。

曾润和家1957年也建了砖石房屋。

1955—1956年全村都开始改建房屋,采用石头和泥砖建房。

大家你帮我，我帮你，一起建房子。屋顶盖瓦，青瓦是从村附近买来的。春华园那里有瓦窑，不够的话还要到中山去买。到1958年为止，全村就没有茅屋了。

4. 龙塘小学

吴华发：

和平之后大家回到大岭头住，小学的位置也在大岭头这里。1947年农历三月"火烧寮"，把小学给烧没了，年尾大家就用泥土再盖了一间瓦房，它在1948年农历四月因为大风大雨倒塌了，农历六月又在大岭头那里搭了一间。读完1948年，那个时候刚说要搬下来，学校又烂了，最后还是在大岭头盖了一间茅棚。

1948年搬来之后，学校就在现在你们做活动的位置（众爱厨房）。1949年农历八月初一学校被台风打平了。那场台风很大（像2017年那场一样），全村都被打平了，有老师被压死了，那个老师是台山的，所以就停课了，再重新搭一间。1949年解放啦，1950年停课，1951年停了上半年的课，下半年解放军过来开荒，有老师过来教，就继续开课。我没正式读过书，在夜校读了一年多的书，夜校的位置就是你们现在做活动的位置，是一间大茅棚。没解放的时候就是自己村去请老师来教。1952年"土改"之后，政府就派了老师过来教书。

以前有句话："读书读到九月九，先生不走学生都走。"重阳节后就很少人去读书，我都不知道是什么原因，但我们这里不是这样。下半年读到农历十一月才放假。上半年年初过完元宵节后就又回来上课。

1962年才有了粮仓后边的旧小学，到1968年就全去榄坑读，1969年开始去鱼林小学读，1975年开始又去榄坑读。读到一九九几年，三灶就建起了中心小学。

（采访、编辑整理：吴萍、万向东）

5. 村庄范围、地点和房屋建筑形式的变化

从六灶到龙塘,再到现在,村子的地点、范围发生了变化。

抗日战争前全村有100多户人家。全村总面积大约是现在的一半,在村子的北部。南面(现在的地塘一带)是沙地,也是乱葬岗,都是坟头。西边还有一个水塘,就是现在黄池福家所在的位置。因为当时地势比较低,所以常年不干涸。

日军占领时期村民外逃,和平后村民们返回,在山脚下建茅寮,逐渐地往平地去扩展,从北边逐渐向南发展。

而房屋的建筑样式也经历了6次变化。抗日战争之前房屋筑土墙,房屋布局是"三间两廊"。根据吴华发的口述,访谈者将其绘成了示意图,经吴华发当面确认,大体上如图3-1所示:

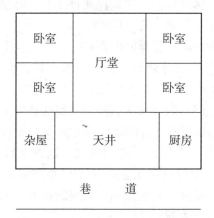

图3-1 "三间两廊"的房屋布局

这种房子,一是总面积小,房子也都很小。二是如果家庭子女多,如有两个儿子,他们结婚后要挤在同一所房子里居住。如果人太多,就有可能把杂屋和厨房改成住的房子,在外面另外搭建厨房和杂屋。

和平后首先是茅寮,有两种:一种是茅草屋顶和茅草墙,另

一种是茅草屋顶和挂泥墙。

茅草墙是先用木头、竹子做成墙壁的架子,用竹子将茅草夹起来,做成草编,然后挂在房架的柱子上。

挂泥墙要先挖地30~40厘米,将做柱子的木头打进地里,然后再填土,接着将横向当房梁的木头或竹子用山上采来的藤草绑在柱子上。用木头和竹子支起房子的架子。将稻草打乱混合泥土充分搅拌,一把一把地挂在做墙面支架的竹子上。再在这些稻草墙上糊上泥巴,最后在屋子上面盖茅草。这样的房子做得好的话可以用15年左右,短的也能用七八年,基本上都是十来年之后将其拆掉重新盖。

挂泥墙的房屋支架用材和茅草墙的一样,都是用木头和竹子,但是挂泥墙的材料相对茅草墙复杂一些,要先把稻草与泥土搅拌混在一起,然后一把一把地挂在竹子上,再挂到房屋的墙面上。挂泥墙比茅草墙更密实一些。

但是这两种房屋的保存时间都较短,坏了就要重新修建。

同时期还有第三种建筑方式——筑土墙,但是比较少人做(筑土墙建造的房屋在建筑学上也称"生土建筑")。因为筑土墙要在两块夹板之间不断地放土,然后筑实这些生土,两块板之间的距离是30~40厘米。这种建房的方式要费很多人力。筑土墙的土都是要到山上去拉的,要用黄泥。这种土墙不能一次筑很高,要一层一层地分开垒上去。筑土墙很坚固,几十年都不会坏。选择不同的墙体主要根据用工用料的成本。但房屋的门都是用茅草编的,没有木板。

之后开始有第四种,即石头墙的房子。先是盖茅草屋顶,后来变成青瓦屋顶,实际上也可以算是两种方式。

再之后是第五种,石头墙上加青砖。以前没有青砖,先用石头建到两三米高,再往上添砖头。

最后是第六种——钢筋混凝土建筑,包括砖混结构和框架结构。打地基要打很深。红星村以前就是一片大沙滩,打地基一般要打 18~19 米，大概 6 米是沙，7~8 米是黄泥，再下边是石头。

（采访、编辑整理：吴萍、万向东）

6. "金鸡啄沙蚬"

罗添福、黄英福、黄国英、谭康娇：

以前龙塘是一片沙滩，很多外来的渔民会在圣母庙前面停泊渔船。他们砍了庭阁公（本地一位姓吴的村民）的竹子去撑船，惹恼了庭阁公。庭阁公就在圣母庙的前面做了一面墙，并在墙上挂了一面镜子照着沙滩的位置，叫作"金鸡啄沙蚬"。

过了一段时间，这片沙滩就没有了，渔民们也没有再来了。

（采访、编辑整理：吴萍、万向东）

第四章 从"土改"到集体化：
一个动荡的时代

　　从 1949 年中华人民共和国成立到 1978 年中共十一届三中全会召开的 30 年里，中国在工农业发展、经济体制、政治制度和社会治理、生活方式、思想文化以及意识形态诸方面，与过去的时代相比，发生了翻天覆地的变化。宏观抽象的国家大历史的巨大变迁落实到一个边疆地区的农村社区，也同样产生了决定性的影响，并以一种具体多样性的方式体现出来。

　　从 20 世纪 50 年代初开始的土地改革、农业合作化、人民公社化、"大跃进"、大集体、大饥荒、"文化大革命"，以及围海造田、农田基本建设、兴修水利、"以阶级斗争为纲"、大办民兵师、"备战备荒"、"以粮为纲"、"农业学大寨"、"反帝反修"、边境严控，到 70 年代末终于启动的经济、政治上的改革开放、拨乱反正和思想解放，形成了中国历史的一个重要时期。

　　国家意义上的每一个阶段、每一件大事，即使在红星村这样一个小小的村庄，也在当地的社区、家庭和个人身上产生了巨大而深刻的影响，让当地人拥有了难忘的甚至是惊心动魄的经历，给当地留下了太多不可遗忘的悲喜故事和传说。

　　从另一个角度看，村庄里的人如何应对国家权力对基层的治理？如何具体地回应国家政治和经济结构的宏观控制作用及其变迁的影响？如何在微观、具体的层面展开自己的日常生产和生活？社区生活中的传统文化和当时的国情又如何结合，如何相互影响？如何呈现出本社区丰富多彩的地方特色与多样性特征？所有这些，已然成为一种过去的历史，特别值得我们去回忆、记录、珍藏、传递和反思。

一、从"土改"到农业合作化（1950—1958年）

【精彩语录】

"20世纪四五十年代的龙塘村，是一个靠山面海的小村落，村子往外走一两千米，就是滩涂、红树林和海湾。"

"1950年以后开始封堤，围海造田，田地逐渐被开垦出来了。"

"1950年解放军到村里住……天天去现在联邦制药的那块地割芦苇开荒……收割的时候他们也帮我们割禾。"

"1952年'八字运动'斗地主，'土改'分田地。解放军工作队驻在村里，斗那些地主恶霸。以前农村里那些保长、甲长，有的是很坏的，但不是个个都这么坏。"

"这股洪流来得很猛，斗地主，反恶霸，清土匪，把地主的田地分给农民；划成分，肃清一切反革命。"

"成分是这样分的：地主、富农、上中农、下中农、贫农。"

"我们家一亩田都没有，当然是贫农了。"

"我家人口多，分到16亩土地。"

"'土改'的时候分田地是按人头分的，我们家分了四五亩田。"

"罗全一家被划为地主，但他实际上并不是地主，只是有些经济头脑，赚了一点儿钱。"

"新中国成立后根据政府政策，龙塘村最初成立互助组，后来转为初级社，最后由初级社转为高级社。"

"又至1958年'大跃进'。毛主席提出高举三面红旗——'大跃进'万岁，人民公社万岁，总路线万岁。"

"各个村各生产队全面设立饭堂，吃大锅饭，走共同富裕道路……我们村生产队每样作物都增产了，特别是水稻产量提高了。……从 1958 年秋到 1959 年夏，粮食逐渐减少，每人每月平均只有 20 斤稻谷。"

1. 1950 年解放军连队帮忙围海造田

20 世纪四五十年代的龙塘村，是一个靠山面海的小村落，村子往外走一两千米，就是滩涂、红树林和海湾。经历了日军入侵和屠岛焚村的灾难，刚恢复和平不久，返村的村民仅 30 多户，他们无力开垦土地，所以耕地面积很少。1950 年，解放军派了一个连队到龙塘村，协助村民开垦荒地，大约开垦了一年才撤退。

李富平：

新村（龙塘苑）那一带在 1950 年以前还是一片滩涂，长了很多海浪树（红树），涨潮时海水会灌进来。村民就在现在村子后面的山脚下种地。1950 年以后开始封堤，围海造田，田地逐渐被开垦出来了。关于（20 世纪）50 年代的围海造田，听我妈说，当年堤坝怎么也封不了，去了澳门、香港的有钱佬撒钱下去，马上就封了口。整个三灶、鱼林，很多人都参加了围海造田。

吴华发：

新中国成立初期，大围丢荒的土地有七八百亩，至 1950 年人民政府派一个解放军连队长期驻扎在龙塘，才把这里的荒田开垦完，交给当地的老百姓耕耘。

吴楚芳：

1950 年解放军到村里住，他们就住在学校那里。解放军天天去现在联邦制药的那块地割芦苇开荒，那些芦苇有好几尺高。收割的时候他们也帮我们割禾。他们住了一年左右，留下十来个人，大部队就撤走了。

何沛良：

1950年，开发大围和新围的田，当年我还未出生，但我知道部队在我家住过。我1951年出生，有印象的是两三岁的时候，某天晚上我和我大哥发生了什么事情，我哭了起来，有一个讲客家话的解放军哄我"莫哭，莫哭"。我还记得，他是在我家里住的。

2. 土地改革运动

土地改革是在中国共产党和中央政府领导下的一场深刻而急剧的社会变革。1950年6月28日，中央人民政府委员会第八次会议讨论并通过了《中华人民共和国土地改革法》，6月30日公布施行。据此，从1950年冬到1953年春，全国农村实施了土地制度的改革运动。

1952年，"土改"工作组进入龙塘村进行土地改革工作，推行"清匪反霸，减租退押"的"八字运动"。工作组把地主、富农的土地、房屋、耕畜、家具没收，按人口平均分配给农民。

吴楚芳：

1952年"八字运动"斗地主，"土改"分田地。解放军工作队驻在村里，斗那些地主恶霸。以前农村里那些保长、甲长，有的是很坏的，但不是个个都这么坏。群众意见大的就斗他们，然后把田地分给农民。其中有一个人叫曾旺，成分是富农，被定为恶霸分子。他收养了一个儿子，有好几个孙子。还有一个姓何的人，因为财务问题也挨了批斗。

"土改"的时候分田地是按人头分的，我们家分了四五亩田，劳动力包括我爸妈、我，还有两个弟弟。

吴华发：

到1952年春，三灶实行土地改革，叫"八字运动"：清匪反霸，减租退押。这股洪流来得很猛，斗地主，反恶霸，清土匪，把地主的田地分给农民；划成分，肃清一切反革命。

搞完"土改"后，当时三灶非常平静，治安很好，路不拾遗。我家人口多，分到16亩土地，但是因为劳动力不足加上父亲有病，存在管理不好、产量低的问题，因此每年都不够吃，（生活）非常困难。

何华林：

我爸爸叫何光达，我妈妈姓罗。爸爸年轻的时候穷，我阿公又吃烟屎，就是鸦片烟，所以爸爸就去行船。他行的不是现在这些船，是火船，烧煤的。他负责做烧煤工，很辛苦的。

我爸爸当时行船很少回来，27岁才回来和我妈妈结婚。爸爸在苏联行船赚了一点儿钱，回来就买了6亩田，所以当时评阶级成分的时候是中农。

那时候我们村只有4间青砖房，阿良家一间，我们家一间，罗全家一间，以前做村长的吴国强的父亲吴华发家里也有一间。我们4家算是有一点儿钱的。

其他人家住的都是茅寮，一刮台风就都来我们家，要煮几锅饭才够吃。

陆瑞文：

成分是这样分的：地主、富农、上中农、下中农、贫农。我们家一亩田都没有，当然是贫农了。罗全一家被划为地主，但他实际上并不是地主，只是有些经济头脑，赚了一点儿钱，解放时家庭条件好一点儿而已。还有一户被划为富农，他有个女儿嫁去了鱼弄，是1979年或1980年结婚的。她嫁的老公是华侨，后来就把家人都搞去了美国。

3. 农业合作化

土地改革田地分配完成以后，遵循自愿互利、典型示范和国

第四章 从"土改"到集体化：一个动荡的时代

家帮助的原则，采取3个相衔接的步骤和形式，从组织带有社会主义萌芽性质的临时互助组和常年互助组，发展到以土地入股、统一经营为特点的半社会主义性质的初级农业生产合作社，再进一步建立土地和主要生产资料归集体所有的完全社会主义性质的高级农业生产合作社。

吴华发：

新中国成立后根据政府政策，龙塘村最初成立互助组，后来转为初级社，最后由初级社转为高级社。

1956年合作化开始，开始实行工分制，成立初级社，才逐步改善种植，提高了产量。劳动产品归集体之后，虽然没有钱分，但起码我家各人都能吃饱。

又至1958年"大跃进"。毛主席提出高举三面红旗——"大跃进"万岁，人民公社万岁，总路线万岁。

1954—1955年龙塘村成立互助组，分3个互助组。互助组开始时，都是十家八家一组。组长一个是吴罗发，就是华强的爸爸，一个是吴太龙，还有一个是麦甲子，她是女的。

我家是1955年年尾入组的。开始时我家没有入组，因为在"八字运动"的时候，说我们老豆（老爸）有点儿像剥削阶级，就没有入组。没有入组的，不止我家。有六七户人没有入组。

1955年我们就入组了，那时候我们的组长是何重庆。他做组长的时候就分了4个组了。

1956年年头就联组了，成立一个低级社，就是初级社。

1957年当社长的是吴罗关。他们三兄弟，名字都是3个姓组成的。他们是从连湾搬过来的，就是南北水后面那里，1949年迁过来我们这里入户。他们当时是贫农，什么东西都没有，是无产阶级。吴太龙做组长。后来，社里分了两个组，麦甲子一个组，吴太龙一个组。后来又分成两个队了，太龙一个队，麦甲子一个队。

接着就联社了,叫作高级社。我们这条村、卫国村还有前锋村,3条村成为一个龙塘大队,吴太龙当生产大队长。队里分3个小队,龙塘一个队,卫国村一个队,前锋一个队。以前龙塘就叫龙塘,卫国叫大围边,老塘围实际上是老庞围。

1958年8月,成立鱼林大队,横石基、榄坑、浪仔围、龙塘、老庞围、大围边6个队合成一个鱼林大队。

三灶人民公社是1958年年尾成立的,鱼林大队在前面,三灶人民公社在后面。

人民公社成立初期,各个村各生产队全面设立饭堂,吃大锅饭,走共同富裕道路。毛主席号召迈进共产主义道路。我们村生产队每样作物都增产了,特别是水稻产量提高了。"大跃进"初期,一日三餐都吃得饱,甚至还有鱼肉类。从1958年秋到1959年夏,粮食逐渐减少,每人每月平均只有20斤稻谷。

罗添福:

1958年大饭堂时,龙塘、前锋、卫国3个村合并成龙塘大队,建立了一个饭堂。饭堂建在龙塘村口庙井的山边,是一间很大的茅寮,可以容纳全大队600～700人吃饭。劳动力400来人,老人、小孩约300人。全大队的人都在饭堂吃饭,统一劳动,但住宿仍然是在各自家里。

我在饭堂负责管理。鱼林大队有负责人专门管饭堂的钱财,饭堂每天要去大队领钱来买东西。

1960年分米到户,1961年饭堂就解散了。

(编辑整理:徐文法、万向东)

李富平:

我爸是耕田的,我叔比较"红",刚解放的时候是民兵。以前是互助组、合作社,不能够单干,我爸当时要求单干。你分田给我，我自己做自己的，积极性会提高。在互助组、合作社，你出力做，他随便做，分配的时候大家都一样，有的人出勤不出力，当时我爸不肯。正因如此，我家蒙受了冤屈，想入团、入党，是入不了的。升学倒是没有问题，读书是给钱的。幸好后来成分论被去除了，不分阶级，不看地主、富农等成分。

二、公社化、"大跃进"、大集体（1958—1962年）

【精彩语录】

"一开始我们分两个大队。龙塘、卫国、前锋一个大队，叫龙塘大队。榄坑、东升、横石基一个大队，叫榄坑大队。大饭堂之后6条村合并为一个大队。"

"大炼钢铁时，我们这里不炼钢铁。我们近山，有很多柴，当时没有煤，就砍柴烧炭供应大林炼钢。"

"大饭堂不允许个人有自留地，也不允许家里打炉灶，即使有炉灶也给拆了。家里的窗门柱也都给拆了，用来大炼钢铁。"

"那个年代流行浮夸风，当官的要面子，干部人人不认输，都希望拿到流动红旗。本来鱼林一亩田产谷700～800斤，他们就按1000斤、1200斤报上去，把产量报得虚高，公粮、余粮①

---

① 公粮和余粮制度，是我国实行的农村生产集体的粮食"统征、定购"制度。"公粮"实际上就是农业税，是国家对一切从事农业生产、有农业收入的单位和个人征收的一个税种（还包括其他种植业和养殖业的纳税）。1958年6月3日颁布实施《中华人民共和国农业税条例》，根据农村生产队集体的耕地面积和产量确定征粮数量，无偿交给国家。余粮是农村生产队分配给社员口粮之后的"剩余粮食"，由国家确定统一收购价格，出售给国家。余粮也是根据耕地面积和产量、社员粮食定量之后确定数量由国家收购。国家收购余粮及其他农产品（如牲猪、经济作物等）价格偏低，与工业价格相比形成了"价格剪刀差"。公粮和余粮的征收数量都是一旦确定，基本上几十年不变。而农村生产集体由于丰产或歉收，分配给农民社员的粮食有时较为丰足，很多时候则有或轻或重的短缺。当时全国各地都设立"粮站"征收或收购粮食，设立供销社收购其他农副产品。2004年，国务院开始实行减征或免征农业税的惠农政策。2006年1月1日起废止《中华人民共和国农业税条例》。

就交得多。"

"1958年10月左右，开始吃大锅饭，我们是和卫国村一个饭堂吃饭的。一开始的时候是随便吃，到1959年就没的吃了。"

"各个饭堂各自印饭票……每天饭堂把饭煮好，我们就带饭兜去饭堂称饭……每个人就配一小碟的菜，有时候还没有菜，只有盐水，就舀一勺盐水给你。1959—1961年的时候最凄凉，那几年都没有吃的。"

"最惨的是1960—1961年，连驻守三灶的部队也饿得发慌，就跑到学校后头的山边挖野葛充饥，把地都挖烂了。你想想，部队都饿成这样子了，普通老百姓挨饿的情况是什么样？"

"把红薯根抬回班里，每个座位放一些……后来改吃玉米粒，就用汤勺舀一勺到碗里、口盅里，没有第二勺给你了。"

"我就溜进饭堂偷番薯，把番薯洗干净生吃，吃得多了，会有蛔虫。"

"没东西吃，就去偷红薯吃，龙仔、石场那边种满了红薯。一般小孩子，很少有被抓到的……连红薯皮都吃，总之没浪费的。"

"'大跃进'时期我家里有5个兄弟姐妹，只有爸妈两个劳动力，穷得要死，我们都是饿着长大的。"

"那个年代的人生命力顽强，没的吃，还能挑一百几十斤柴，从山上挑到大围去称，大围就是现在的汤臣倍健公司那边，原来是海边，这么远的距离！"

"龙塘生产队一年产粮食不够60万斤，上交国家的差不多40万斤，负担比较重，剩下的20万斤还要留几万斤做种子和养鸭、养猪的饲料，再剩下的十几万斤才能分给村民。"

"要交总产量的六成，其中三成是公粮，公粮是没有钱的，等于纳税给国家，另外三成是余粮，一定要交够的，今年交不够，第二年还是要补上。"

"一级劳动力一个月吃70斤粮食，婆仔（老妇人）和细蚊仔（小孩）就20～30斤一个月。……如果家里小孩子多，那就不够粮食了。"

"凭工记分,多劳多得。"

"当时工分分为五级,一级劳动力12分,二级11分,三级10分,四级9分,五级8分。按照全村的收入多少来评分值,收入好的年份10个工分等于8毛钱,有的年份10个工分等于7毛半或者7毛6,最低曾试过10个工分就6毛钱。"

"我大哥以前是一级劳动力,我妈去种菜,我就去建房子,个个都拿很高的工分。"

"生产队一天的劳动结束后,晚上要在地塘开会。农闲时差不多每晚都要开会,农忙的时候做得很累,就每隔三四天开一次。你如果稍稍偷懒,晚上就要站中间,被大队点名。"

"人们常说'思想通,钵头空;思想不通,钵头大虾公'。……思想通的人就每晚去开会,思想不通的人晚上去捉鱼虾,第二天就有菜吃。"

"村民晚上把自家编制的小笼偷偷放到龙塘苑的田里,能捉到一两斤鱼虾。"

"吃不饱一样去干活,天天都得干。爸妈每天早上7点出去开工,中午12点收工,下午一点半开工到晚上6点,夏日长的话到7点才收工。干集体活的工时都是超长的。"

1. 公社化和集体劳动

1958年3月20日,中共中央政治局成都会议通过(同年4月8日政治局会议批准)的《关于把小型的农业合作社适当地合并为大社的意见》指出:"为了适应农业生产和文化革命的需要,在有条件的地方,把小型的农业合作社有计划地适当地合并为大型的合作社是必要的。"[1] 1958年5月,中国共产党第八届

---

[1] 中华人民共和国国家农业委员会办公厅:《农业集体化重要文件汇编(1958—1981)》(下),中共中央党校出版社1981年版,第15页。

珠海红星村口述史
——一个南海边陲工业化村庄的变迁

全国代表大会第二次会议一致同意根据毛泽东的创议而提出的"鼓足干劲、力争上游、多快好省地建设社会主义"的社会主义建设总路线①。会后,全国各地迅速掀起"大跃进"和公社化高潮。广大农民开始更大规模地兴修水利,大搞农田基本建设和农业机械化事业,并先后根据中共中央和毛泽东的要求开始了小社并大社的工作。

许多地方成立公社以后,立即办大工厂,大炼钢铁,于是遍地小高炉林立,铁水奔流。农村中学、大学、红专学校也遍地开花。各地普遍地建立了亦兵亦农的民兵组织,实行"组织军事化,行动战斗化,生活集体化"。人们的政治热情空前高涨,工作积极性倍增。

三灶在1958年成立了人民公社。鱼林村和龙塘村同样进行生产队合并及大集体劳动,并办起了集体饭堂,建起了民兵组织,开始兴建农业公共设施等。"大跃进"和公社化运动在生产发展方面不符合科学规律,但在这过程中,村民(贫下中农、"阶级兄弟")之间形成了互帮互助、诚信友爱的精神。村民回忆起那段往事,都非常怀念当时人与人之间纯朴友爱的关系。

李富平:

大饭堂的时候,一开始我们分两个大队。龙塘、卫国、前锋一个大队,叫龙塘大队。榄坑、东升、横石基一个大队,叫榄坑大队。大饭堂之后6条村合并为一个大队。

权力下放指的是集体大队掌握村的财务等。由大队变为乡是1984年的事,以前是叫鱼林大队,后来成立鱼林乡,三灶公社成为三灶区,权力就变大了。乡属于一级人民政府,三灶乡、鱼林乡、中心乡。现在缩为村委会就不是一级人民政府了,只有三

---

① 《中国共产党第八届全国代表大会第二次会议关于中央委员会的工作报告的决议》,载《经济研究》1958年第6期。

灶镇是属于一级人民政府的。

吴华发：

大炼钢铁时，我们这里不炼钢铁。我们近山，有很多柴，当时没有煤，就砍柴烧炭供应大林炼钢。烧炭是整个大队动员的，人都是一起调配，不是分开的。一天要很多（柴），以前山林都被砍完了。

附近几个村都是砍柴烧炭，然后运到大林，用来炼钢铁，这样做了半年左右。

后来说要种粮食，我们近海边，就自力更生，搞围垦，修建鱼湾塘，全部养鱼，不种水稻。我们龙塘是鱼湾塘，海澄和沙脊那边种水稻，大林那边炼钢铁。

1958年是吴继欢（吴太龙的兄弟）做鱼林大队支部书记，张福兴（榄坑）做大队长。龙塘是吴太龙做生产队队长。

何沛良：

1958年成立人民公社，龙塘一队、龙塘二队合并为龙塘生产队，大队就是鱼林大队。以前卫国叫大围边，前锋叫老塘围（老虎围），1966年"文化大革命"要改名字，龙塘改为红星，浪仔围、先锋坑合并，改名为东升。

吴楚芳：

我1960年就开始在村里做工，做过治保会员、民兵排长、记工员、记分员。1966年年底我当副队长。当副队长什么都要做，你能做什么就做什么。然后做队长、村长，一直做到1997年。治保会员要管理村民的户口，从外面迁来的人报户口时，就负责检查他们的证明，登记他们的基本信息。什么人过来都要有证明，没有证明就不能入村。以前很严格的，过海、过路都要有证明，没有证明不能走。

珠海红星村口述史
——一个南海边陲工业化村庄的变迁

一九六几年的时候就有边防证。因为这里是海岛,属于边防地区,我们这边都是用边防证。证件上有你的照片、姓名、性别、年龄、籍贯这些基本信息。当时也有军队驻在这边。从联邦制药后面那个天桥过去,定家湾那里就有个部队,水闸那边也有个部队。

何沛良:

当时工分分为五级,一级劳动力12分,二级11分,三级10分,四级9分,五级8分。按照全村的收入多少来评分值,收入好的年份10个工分等于8毛钱,有的年份10个工分等于7毛5或者7毛6,最低曾试过10个工分就6毛钱。

村子里有人负责记工,比如说,今天你到山上做工,负责记工的人就会写上:"×××今天上山做工。"以前的人很诚实,不懂得欺骗。当时请假在排工表上都能看到,身体问题或者家里临时有事,只做了一个上午或一个下午,那记工员是不知道的。他就会问一下对方:"今天见不到你,你去做什么工啊?有没有请假?""队长叫我到山上砍柴。"那记工员就会补记上。村子不单是耕田,也会做些副业,譬如扛柴草,生产队会集中收购。中山那边有的砖厂没有煤,会有人来三灶收购柴草。

生产队一天的劳动结束后,晚上要在地塘开会。农闲时差不多每晚都要开会,农忙的时候做得很累,就每隔三四天开一次。你如果稍稍偷懒,晚上就要站中间,被大队点名。当时是政治挂帅,开会讲的都是政治思想工作。

人们常说"思想通,钵头空;思想不通,钵头大虾公"①。

---

① "思想通"的意思是政治思想好,劳动积极,听领导的话。这里表达的意思是:如果太"听话"则没饭吃。据编者所知,有一处村庄还流传着另一个说法:公社和大队将各生产队的政治积极评为三类等级,结果村民嘲讽说"评三类的不作声,评一类的吃粪(方言指稀饭)"。它表达的是同样的意思:受到上级批评的闷声吃饱饭,受到上级表扬的则只能喝粥。

第四章 从"土改"到集体化：一个动荡的时代

水闸那边的河涌原来鱼虾很多，思想通的人就每晚去开会，思想不通的人晚上去捉鱼虾，第二天就有菜吃。小朋友晚上不需要去开会，夏季会去捉萤火虫，当年一大片田，有许多萤火虫。

以前是没有钱买菜的，外出买东西要用粮票，我们当时是足食而不丰衣。粮食年年都够吃的，因为当时有800多亩水稻田，村子才几百人。上交了公余粮以后还有足够的粮食，算是鱼米之乡。

大饭堂不允许个人有自留地，也不允许家里打炉灶，即使有炉灶也给拆了。家里的窗门柱也都给拆了，用来大炼钢铁。村民去饭堂打饭，按照劳动级别配口粮，一级劳动力一个月吃70斤粮食，婆仔（老妇人）和细蚊仔（小孩）就20～30斤一个月。如果你家里有两个一级劳动力，一个月就有140斤口粮，若还有老人家和小孩子，那就再加上20～30斤。如果家里小孩子多，那就不够粮食了。我爸吃一级粮，我妈和我姐姐不属于一级劳动力，吃二级粮。

那个年代流行浮夸风，当官的要面子，干部人人不认输，都希望拿到流动红旗。本来鱼林一亩田产谷700～800斤，他们就按1000斤、1200斤报上去，把产量报得虚高，公粮、余粮就交得多。

产量在1958年定了标准，到（20世纪）80年代就都按这个标准交公粮和余粮。要交总产量的六成，其中三成是公粮，公粮是没有钱的，等于纳税给国家，另外三成是余粮，一定要交够的，今年交不够，第二年还是要补上。

公粮就是养部队，余粮养公务员、工人。余粮会有钱给你，当时是9块钱100斤。交完公余粮，剩下的四成由村里分配给每个人，不用交到大队，村里自行处理。

何华林：

按劳动算工分的时候我第一。我帮人家建房子一年上交

1000多块钱,我那时候赚工分赚很多。我大哥以前是一级劳动力,我妈去种菜,我就去建房子,个个都拿很高的工分。

吴楚芳：

人民公社的时候人们工作很辛苦。当时是劳动记工分,做一天记一天。凭工记分,多劳多得。比如说锄田,一亩田就30分,如果你一个人锄完,30分就你一个人得了；两个人做完的话,就两个人分,多少人做就多少人分。劳动力强的就多给一点儿。

不同工种计算方式不一样。做每一件事都要报工,不报工的话劳动力就发挥不了作用。有一些比较难处理的就大家一起做。记工分有这样的一个规定,按级数评分,评5分到12分。出勤一天算一天的分数,他得了10分就给他记10分。还有一些是半劳动力,如那些刚刚读完书的青年、刚刚学做工的。我那时候十几岁,也是半劳动力,半劳动力工分就低一点儿。当时没有规定我做什么工,我主要是跟人去种田。种田是分季节的,正月锄田,然后下秧,清明前后插田,一个季节接着一个季节做。我种过水稻、甘蔗。甘蔗是后来才种的。养猪、养鸭也是一九六几年才开始的。公社化后才发展养猪,也发展很多种农副业。

1962年权力下放。以前前锋、卫国和龙塘是一个大队,后来权力下放就分开了。以前我们有很多山地,种花生、番薯,公社指定并安排好田地分配。那时走共同富裕道路,穷富基本都差不多。

李富平：

我们村不近海,滩涂前面全是海浪树（红树）,所以没有渔业,以种田为主。重活都是年轻人来做。工分最高的是12分一天,一个人如果工作勤快,可以记12分,不太行的记11分,由生产队长登记。小孩子不读书,出来看牛,给5～6分,如果你是十七八岁,怎么都会有9分或10分的。

吃不饱一样去干活,天天都得干。爸妈每天早上7点出去开工,中午12点收工,下午一点半开工到晚上6点,夏日长的话到7点才收工。干集体活的工时都是超长的,不是8小时工作制,最少也是10小时。

(20世纪)60年代"以粮为纲",大集体把捕鱼、捕虾的工具都没收了,不让出海。村民晚上把自家编制的小笼偷偷放到龙塘苑的田里,能捉到一两斤鱼虾。

当时我们村经济效益最好的营生是养猪、养鸭。养鸭呢,会把母鸭和公鸭分开养。母鸭是生蛋的,蛋拿去换钱,换钱回来拿去分配。三灶街有个三灶供销社,专门收购村里种出来的菜、豆,以及养的鸡、鸭。还有个食品站,把猪养大了卖给他们。以前是很便宜的,养猪养了一年多才卖六七十块钱。

2. 集体饭堂

人民公社的大食堂实行粮食供给制,即全社社员不管家中劳动力多少,都按照人口免费供应粮食。于是,各个生产大队都组织了公共食堂,号称"大锅饭"。全国共计有数百万个食堂,并提出"放开肚皮吃饭"等口号。由于多方面的原因,不到一年时间,全国范围内的粮食便严重短缺,原属鱼米之乡的龙塘村也未能幸免。

李富平:

1958年"大跃进",公社搞大饭堂,第一年你随便吃,吃得饱饱的,到了第二年就什么都没的吃了。我们村一年产两造粮食,一亩田能产400斤,上交公余粮300斤,剩下大概100斤留给自己吃。种稻田有个公余粮之分,公粮是没钱的,余粮是100斤9块钱。龙塘生产队一年产粮食不够60万斤,上交国家的差不多40万斤,负担比较重,剩下的20万斤还要留几万斤做种子和养鸭、养猪的饲料,再剩下的十几万斤才能分给村民。当时的粮食是按照人来平分的，劳动力分多少、小孩分多少，都有定数。一级劳动力每月粮食70斤，一路分下来，如果你家小孩多的话，就不够吃。

吴楚芳：

1958年10月左右，开始吃大锅饭，我们是和卫国村一个饭堂吃饭的。一开始的时候是随便吃，到1959年就没的吃了。困难时期，粮食不够，还是集体饭堂，分饭按人来分，最高的是一天一斤二两米。

各个饭堂各自印饭票，在其他饭堂吃饭的人不能用本饭堂的饭票。怎么分配呢？以前100斤谷碾70斤米，你有300斤谷的话就给你210斤米。如果你们家有210斤米，一个月就给你210斤的饭票。比如说，我们家有五六口人，大概300斤米，就给我们300斤米的饭票。每天饭堂把饭煮好，我们就带饭兜去饭堂称饭，给他几斤饭的饭票，他就给你几斤饭。然后每个人就配一小碟的菜，有时候还没有菜，只有盐水，就舀一勺盐水给你。1959—1961年的时候最凄凉，那几年都没有吃的。

何沛良：

大锅饭从1958年开始，到1961年散伙，头尾3年时间。饭堂在村子的尽头，旁边有一口井。

记得第一年吃饭有肉，后来国民经济开始下滑，粮食没有丰收，不得不减餐。最惨的是1960—1961年，连驻守三灶的部队也饿得发慌，就跑到学校后头的山边挖野葛充饥，把地都挖烂了。你想想，部队都饿成这样子了，普通老百姓挨饿的情况是什么样？

我们吃饭不再是在大桌子上吃，而是按饭票分配，规定"家里多少人，多少两饭"。父母把饭票交给孩子，孩子一放学就拿着饭票去饭堂打饭。饭堂的人问："你是拿饭还是拿粥啊？"选择拿饭的话,是一人二两,整个钵蒸饭,也有用镬煮的饭。反正就是越吃越惨,吃着吃着也没饭吃了,就改吃红薯根。

一开始我们到饭堂打饭,饭堂的工作人员说:"小孩子没份拿,红薯根全都抬到学校吃了。"有人用一个大箩筐把红薯根抬回班里,每个座位放一些,这堆是你的,那堆是他的。后来改吃玉米粒,就用汤勺舀一勺到碗里、口盅里,没有第二勺给你了。饭堂的墙壁是用禾草混着泥夯成的,即使锁了门也不难进去。我就溜进饭堂偷番薯,把番薯洗干净生吃,吃得多了,会有蛔虫。我们小孩子就说去偷,那些大人直接就去拿了。

当时我还在读书,所以没有大人那么辛苦。大人就是自己不吃也要给小孩子吃,他们一边挨饿,一边劳动。那个年代的人生命力顽强,没的吃,还能挑一百几十斤柴,从山上挑到大围去称。大围就是现在的汤臣倍健公司那边,原来是海边,这么远的距离!我们小孩子放学回来也不会有空闲时间,要割柴草,或者拿猪菜回来煮猪潲。粮仓当年都是花生田,我们跟着大人挖花生,大人挖的花生扛回集体,我们小孩挖的就带回自己家里。

1962年已经用自己家的炉灶煮饭了。以前吃饭和现在不一样,早上吃干饭,因为要去劳动,不像现在随便喝杯奶、吃个包就可以下田了。中午收工回来,起码要12点以后。午餐是吃粥,不够粮食吃的话就煮一些红薯。准备开工时,往衣袋、裤袋里装一些红薯,做到饿了就吃红薯。晚稻时有木薯了,就吃木薯。晚饭就是吃干的。如果前一天晚上有吃剩的冷饭,第二天早餐就是炒冷饭。下午若要干重的体力活,那中午会煮饭吃。我老爸的劳动强度大,他很少吃粥。

李富平:

"大跃进"时期我家里有5个兄弟姐妹,只有爸妈两个劳动力,穷得要死,我们都是饿着长大的。小孩一天的饭量,这么大的碗(普通家用饭碗),要吃两碗。我当时吃饭,用那么大的斗

（直径约 15 厘米），一顿饭差不多吃两斗，起码一斤多的米才能吃饱。但一个人分配到的饭量是很少的，你能吃一大碗，但只能给你一小碗。我当时才五六岁，个子小小的，拿着这么大的一个斗，去饭堂看着别人吃饭。

当时我们领到红薯，把它和米兑着放到锅里煮。以前煮饭烧柴、烧茅草，锅底有一层这么厚（用手势比约 1 厘米）的饭焦（锅巴），本来是要来喂猪的，我们就偷偷地跑到厨房，用水把饭焦泡着吃了。

没东西吃，就去偷红薯吃，龙仔、石场那边种满了红薯。一般小孩子，很少有被抓到的。后来有了自家的灶，不够饭吃，就把那些薯根洗干净，放进米桶煮来吃。红薯加米饭，餐餐都是这样吃的。连红薯皮都吃，总之没浪费的。

我还记得小时候穿来穿去都是那条裤子，补了又补，像日本旗一样。

何华林：

大锅饭的时候就凄凉了，我们4点钟去取饭，家里7个人都没有煮饭的那个人一家4口人的饭多，回来都不够吃。那时候我们家里穷，想吃到一碗饭是没有可能的，要加红薯、加芋头，没有多少米。

三、生产队阶段（1962—1979 年）

【精彩语录】

关于大办民兵师：

"整个龙塘的民兵算一个连。"

"鱼林大队的民兵有300多支枪，有步枪、冲锋枪、迫击炮，还配有弹药和手榴弹等。枪支弹药存放在地塘旁边的仓库，有专人看管。"

"社员 16 岁就要开始当民兵,进行训练……当时村里大概有几十个民兵,每天下午收了工,吃了饭就要训练。练射击瞄准、排队步操这些。"

"我姐姐也去学迫击炮,那时迫击炮班全部都是女的。"

"那时我分得一支冲锋枪,一开始枪弹没有分家,后来枪交出来,32 发子弹是我自己保管。"

"当时蒋介石时时刻刻想'反攻大陆'。那个年代是很恐怖的,随时准备打仗。"

"通信很落后……只能靠公社的一个发报机接收上一级的讯息,然后一级一级地摇电话发到各村。"

"捡到传单要上交,而且不能说传单里面写了什么。那些是反动传单,你不能够宣传的嘛。"

"当时驻在这里的部队是四连,经常和我们村民搞军民团结活动,一起唱一下歌,开一下文娱晚会。"

"一拍门我们就很迅速地交更,当时的人思想比较先进,很听话的。那些排长、班长叫到了,一下子就起床去做。"

"去训练也是有工分的。训练不用跟生产队去做工,更好啊,比种田好多了。"

"那时候是用五六式半自动步枪,很够力的,打 5 发子弹。"

"枪是我们各自带回家的。……我跟弟弟说:'我的枪就放在那里,你不要搞我的呀。'他就不会动我的枪。"

"真正打仗时是不能跟解放军比的。但民兵都很听话,如果要上战场,也一定会去的。"

"(20 世纪)60 年代的时候在龙塘打了一些防空洞,但都没打完。它们在眼浪山那里,洞不大,但很长。"

"民兵还要做很细致的防火工作……看你的灶窟干不干净。"

"毛泽东逝世那一年局势很紧张,全镇武装。所有人都带上枪去解放军在三灶街的营部,去开追悼会。"

"1976年毛泽东逝世之后，就差不多开始解散民兵，枪全部都要收缴上去。"

关于"文化大革命"：

"1966年，正是学习《毛主席语录》的高峰期，要组织大家学习，挑一担谷回来就唱一段语录。"

"家家户户如果有金器就要上交，也不允许有拜神的行为。"

关于下放农村的知青：

"那些知青吃饭后不想洗碗，说：'朝吃晚洗，晚吃老鼠洗。'"

"广州来的知青里，我记得一个女知青叫郑卫琼，一个男知青叫谭锦泉。"

"有的知青跟着村民做工做到哭。"

关于"文革"时期的日常生活：

"一班妹仔和一班男仔一起去看电影，男仔会骑单车带妹仔去。"

"整个村子里只有一条线通到村长的家里，只有一台电话。"

"那时候夏天还有蚂蟥，插田被蚂蟥吸住了，吐点口水，挪一挪就会掉了，不能拔，越拔吸得越紧。不过现在没有牛，蚂蟥也绝种了。"

"那个年代很怕羞，不敢约出来，只是写信交往。寄一封信就8分钱。写信写了几年……23岁和她结婚。"

"我们骑了8辆单车去海澄那边接新娘。"

"那时候龙塘人寻老婆，就是送西洋菜，龙塘最出名的特产是西洋菜。"

"也有妹仔认识部队的解放军，当年人们说嫁解放军是很了不起的。"

1. 生产队的生产和生活

吴楚芳：

（生产队）分粮食的话，就算你一家有多少人，合计你一年有多少工分。生产队除开各个方面的支出，剩下多少钱，就把这些钱……分下去，10个工分就5毛钱。当时7毛钱一斤猪肉，5毛钱可以买到大半斤猪肉。

这种集体劳动的方式一直维持到1982年分田到户。

2. 大办民兵师（全民皆兵的故事）

1949年9月29日，中国人民政治协商会议第一届全体会议通过了《中国人民政治协商会议共同纲领》，规定"中华人民共和国实行民兵制度"，把革命战争时期建立和发展起来的传统的民兵制度，正式确定为国家的一项军事制度。

20世纪50年代末期到60年代初，台湾海峡局势紧张。1958年9月初，美国向台湾海峡派出了第七舰队。台湾国民党当局再次提出要"反攻大陆"：一面派飞机向西南和西北地区散发传单，空投特务；一面指使大小金门岛上的国民党军队炮击福建沿海村镇，并派遣大批特务窜入大陆，进行各种破坏活动。

1958年7月，中央军委召开扩大会议，明确提出："必须积极积蓄和壮大后备力量，贯彻执行把预备役和民兵合而为一、实现全民皆兵的方针。"

1958年8月29日，中央政治局扩大会议通过了《中共中央关于民兵问题的决定》。1958年9月29日，毛泽东向新华社记者发表了重要谈话："我们不但要有强大的正规军，我们还要大办民兵师。"

在这样的全国性大办民兵师的形势之下，属于边防地区的三灶岛，局势也显得更加紧张，鱼林大队和龙塘生产队自然也处于这种紧张的形势之中，并开展了民兵工作，因而形成了一段特殊的历史。1960年，三灶公社响应国家号召大办民兵师，并以人民公社为单位，逐步实行全民武装。除了地、富、反、坏、右和残疾人员外，16～50岁的能拿武器的男女社员，都被编入民兵队伍之内。根据生产组织情况和民兵多少，以基干民兵为主，编为民兵大队、中队、小队，后来又改为民兵连或民兵排。

到20世纪70年代，中苏关系紧张，全国开展"备战备荒"和开挖防空洞运动，全民皆兵的民兵运动又一次掀起高潮。位于边防前哨的三灶岛的民兵训练和"备战"工作，就更为活跃。

这些历史故事，在许多老人心中留下了深刻的记忆。

吴祥发：

民兵营和"备战"，每年训练一次，总共15天，是脱产训练的。学习的主要是军事知识，如作战、打枪等。每个村的民兵都挂靠着部队的连队，当时鱼林挂靠的连队是四连——当时驻扎在水闸（现汤臣倍健公司）附近。民兵训练是由排长过来指导训练的。

鱼林大队的民兵有300多支枪，有步枪、冲锋枪、迫击炮，还配有弹药和手榴弹等。枪支弹药存放在地塘旁边的仓库，有专人看管。大队每个月都会检查一次并擦枪做保养。像炮弹、手榴弹这些都是在三灶武装部安排下，由各生产队民兵连长、排长保管。

民兵主要是配合部队送粮、送弹的。当时上面很重视民兵训练，毕竟也是"青年主力军"。民兵的战斗力还是比不过部队的，民兵是劳武结合，真正打仗时是不能跟解放军比的。但民兵都很听话，如果要上战场，也一定会去的。

（20世纪）60年代的时候在龙塘打了一些防空洞，但都没打完。它们在眼浪山那里，洞不大，但很长，有一半用水泥砌筑，另一半没有，不知道为什么没有用水泥浇注。那是民兵跟部队一起打的，防空洞由部队管理。

吴楚芳：

1959年大办民兵师，全民皆兵，防范国民党"反攻大陆"。我就是1959年开始做民兵排长、治保会委员的。整个龙塘的民兵算一个连，罗添福就是连长。够年龄的群众，值得信任的，就可以当民兵，民兵每天晚上都要放哨的。

社员 16 岁就要开始当民兵，进行训练，最大年纪的是 20 多岁。当时村里有几十个民兵，每天下午收了工，吃了饭就要训练。练射击瞄准、排队步操这些，有时还抽时间整日训练。

民兵还要做很细致的防火工作。当时村里茅寮多，容易引起火灾。以前烧菜的时候，如果灶窟里面有太多灰就烧不了，要把灰扒出来，风一吹就吹着了。后来那些民兵每晚都要进行检查，看你的灶窟干不干净。（20 世纪）60 年代的时候，点火水灯①，要用漱口杯装一杯水，把火水灯放进去，不让它倒。

李富平：

大办民兵师应该是（20 世纪）60 年代末 70 年代初，当时说蒋介石要"反攻大陆"。那个年代搞得很紧张，民兵经常操练，晚晚站岗放哨。民兵在"文化大革命"之前的 50 年代就已经有了，"文化大革命"发生后，变得更紧张。1976 年毛主席逝世的时候就很少活动了，不过现在还有民兵，还有武装部，属于三灶镇管，所以"解散"这个词不准确。

何沛良：

1960 年的时候，我还是小朋友，村里已经有民兵了。那时村里来了几个连长、排长，在地塘教老一辈的民兵刺杀、开迫击炮。我姐姐也去学迫击炮，那时迫击炮班全部都是女的。

1979 年，临近分田到户，武装部有间房子在罗李兴家老房子那边，是仓库来的，枪放在仓库里，子弹归个人保管，枪弹分家。那时我分得一支冲锋枪，一开始枪弹没有分家，后来枪交出

---

① 火水灯也称煤油灯。火水即煤油，一般指照明煤油，也称"火油""洋油"，粤语称"火水"。在没有普及照明用电的年代，各地农村甚至城镇都是用煤油灯照明。

来，32发子弹是我自己保管。我那时怕得不行，把它们锁到柜子里。但其实也不会出问题，那时人的思想很单纯。

陆瑞文：

我们那时候18岁开始当民兵。当时蒋介石时时刻刻想"反攻大陆"。那个年代是很恐怖的，随时准备打仗。通信很落后，没有电视，没有什么外界的讯息，只能靠公社的一个发报机接收上一级的讯息，然后一级一级地摇电话发到各村。

当时政府要求我们上山砍柴的时候如果捡到传单，就要上交，上交给公社、党委作为一个证据。我当时年纪比较小，没有上山砍过柴，没见到过传单。但是有村民捡到过，他们捡到传单要上交，而且不能说传单里面写了什么。那些是反动传单，你不能够宣传的嘛。1969—1970年的时候就比较紧张。

我们有时候也会和解放军一起搞些娱乐活动。当时驻在这里的部队是四连，经常和我们村民搞军民团结活动，一起唱一下歌、开一下文娱晚会。以前没有电，就用汽灯照明，晚上用汽灯办晚会。汽灯只有部队才有，我们是没有的。晚上他们从部队带汽灯过来，在这边搞活动，活跃一下群众的文娱生活。当时这里作为边防气氛很紧张，三灶的解放军的兵力是一个团。

以前晚上是要去巡逻的，在山边、海边巡逻。大约在现在汤臣倍健那里，是一条围基，我们就沿着围基巡逻。3个人一班，每两个钟头换一班。一班巡完了之后就去叫醒下一班那3个人。一拍门我们就很迅速地交更，当时的人思想比较先进，很听话的。那些排长、班长叫到了，一下子就起床去做。

我们每年有秋季训练，割了晚稻之后，农闲的时候训练。秋季训练是白天训练，去训练也是有工分的。训练不用跟生产队去做工，更好啊，比种田好多了。平时就每天晚上训练。还有五四青年节也很好啊，五四青年节有庆祝的，就是开会，整个鱼林大队一起，组织16岁以上的青年开会，包括民兵。

民兵分两种，一种是基干民兵，一种是普通民兵。我们这种贫农是基干民兵，基干民兵就有配枪。有些成分不好的，如中农、富农那些就算普通民兵，他们是不配枪的。那时候是用五六式半自动步枪，很够力的，打5发子弹。这在当时的中国算很先进的啦，现在都已经被淘汰了。

当时我们红星村有30多个民兵，不是人人都能有枪的，只有贫农可以分到枪，一共有20多支。枪是我们各自带回家的。那时候的人思想觉悟很高，住的都是茅屋，5口人住一个小房。我跟弟弟说："我的枪就放在那里，你不要搞我的呀。"他就不会动我的枪。我把子弹另外放好。连长、班长交代过，枪和子弹要分开放，以防万一。我就这样保管了3年。

我当了3年民兵就不当了，（民兵队）慢慢就散了。1976年毛泽东逝世之后，就差不多开始解散民兵，枪全部都要收缴上去。毛泽东逝世那一年局势很紧张，全镇武装。所有人都带上枪去解放军在三灶街的营部，去开追悼会。

3. "文革"时期的生活

10年"文革"，在偏远的农村地区也产生了深远的影响，在村民心中留下了长久的记忆。

吴楚芳：

1966年，正是学习《毛主席语录》的高峰期，要组织大家学习，挑一担谷回来就唱一段语录。那时候工作很多，而且每天晚上回来都要学习《毛主席语录》。有辅导员专门上课讲解，那些读书回来的学生，小学毕业的或者初中毕业的，他们16岁就要出来劳动，他们也可以当辅导员给大家讲《毛主席语录》。

吴祥发：

1966年年底开始"文革"，我做了两年红卫兵头头，是联派的。当时全国的红卫兵分成了两派,一个是联派,一个是红派。

1966—1968 年,三灶公社调我去三灶加入"清队"(清理阶级队伍),总共做了 3 年,是全脱产的。

李富平:

1967 年我们这里开始"文革",家家户户如果有金器就要上交,也不允许有拜神的行为。村头有一座圣母庙,传说有一船的人遇到风浪沉入海底,沉船的地方浮起一块巨石,村子里的人便在巨石旁边修建了圣母庙。"文革"时这块巨石被打掉了,直到(20 世纪)90 年代圣母庙才得以重修。

李锦月:

我小学就是在现在粮仓后面的茅寮读的。后来就去榄坑读,读到初二"文化大革命"开始就没的读了。"文化大革命"时主要是读语录。我不读书之后就回来耕田。

爸爸和大姐回来和我们见面要去广州或者石岐,是不准回来村里的①。有一次,我大姐回来过了一夜,就赶紧跑了。当时不准她在这里过夜,要她到石岐旅店过夜。见面的时候,爸爸和大姐就拿些衣服和食物给我们。

那时候没衣裳穿,我爸爸就寄一些布回来给我们做衣服。以前一户人只有一丈三尺五的布票,两个人的布只够做一套衣服。一九七几年的时候还是用布票的,发一张布票给你,你就拿着布票去剪布。

以前不像现在这么多花样,听到有"的确良"卖,就排长队去买,"的确良"最架势(漂亮、有气派)了。有些布织得不好,就 5 折出售,大家听到消息就拼了命排队去买。以前没有

---

① 李锦月的大姐当时嫁到香港,按当时的规定,回娘家时不能轻易与家人见面,要防止"特务"渗透、搞破坏。

第四章 从"土改"到集体化：一个动荡的时代

车，要走路去三灶街买。最架势就是骑单车去，当时开始有单车，分配下来，一个生产队只有两三台，整条村的社员谁想买就抽签，抽到才可以买。买缝纫机也是要抽签，一条村好像也是3台。我们也去抽过签，都想自己有台缝纫机可以做衣服。后来爸爸在香港买了一台缝纫机回来。后来，我姐夫回中山教书，也买了一辆单车回来，就骑单车去教书。

陆瑞文：

"文革"的时候，有6个知青到这里，他们都是广州的。生产队给他们一人搭了一个茅寮，十几平方米一间，男的就在我家旁边住。我经常跟他们在一起玩。有的知青很调皮，说我怕队长却不怕大队长，因为队长是现管，负责派工，跟队长好一点儿，派的工也能轻一点儿。

那些知青吃饭后不想洗碗，说："朝吃晚洗，晚吃老鼠洗。"就是说，早上吃了饭，碗筷放到晚上再洗；晚上吃了饭，就不洗了，等老鼠洗。我们之前没有见过知青的生活方式，当时跟那些知青一起玩很有趣。他们到这里来就跟我们同吃同工，我们吃什么他们就吃什么。

当时他们连韭菜都不认识，五谷不分。我们有很多蚝仔，他们连蚝豉怎么来的都不知道。他们以为蚝豉是从树上摘下来的。

他们当中有几个人一九七几年时偷渡了。

现在的机场是填海填出来的，原来是日本仔建的旧机场，外面是沙栏。小的时候经常去机场那边玩，那边经常搞"忆苦思甜"活动。那些老人家讲以前在海澄给日本仔建机场，怎样被迫在那里打石头，做苦工。

当时那里还建了一个展览馆，里面用泥做了一些假人，每个房间都有不同的摆设，展示日军怎么去屠杀人民。他们带我们一个房一个房地参观，讲日本仔怎么劳役他们，怎么屠杀劳工，教育我们年青一代不能忘记前一代人的苦累，这叫作阶级教育。后来"文革"的时候什么都没有了，什么都被破坏了。

曾彩群：

我做妹仔的时候想去看电影，会到定家湾、中心乡那边，或者去部队。水闸那边有一支部队叫四连，定家湾那边有一支部队叫六连。定家湾那边的公路旁，有一块解放军围田，有200亩。当年解放军到这里来也是耕田的，有时候部队插田插不过来，我们会过去帮忙；有时候村里收割或者是刮台风要抢收，部队也会过来帮忙。

我们去四连，要过水闸上的一座桥，很窄的，走过去如果往下看，脚会发抖。当年一听到别人传消息说"部队今天放电影啦"，我们就会过去。一班妹仔和一班男仔一起去看电影，男仔会骑单车带妹仔去。三灶街月塘那边也有一支部队，叫大队部。那时候看的都是关于打仗的，很少有言情片，《（铁道）游击队》啊，《地道战》呀，《英雄儿女》啦，反正不管人家放什么电影，我们都去看。当年我坐着我老公的单车去三灶街看电影，当年有自行车就很厉害了。还记得天气冷的时候，很多人种玉豆（四季豆）来卖，我们一帮人摘了别人种在车场的玉豆，回来当消夜吃。

我们农村没有电视看。家里也没有电话，整个村子里只有一条线通到村长的家里，只有一台电话。如果有人打电话过来通常都会通知，然后村民就到村长家里接听电话，不像现在人人手上都有一部手机。

大队开会一般在白天开，很少晚上开。晚上干什么呢？有电影看就去看电影，没电影看就一帮人在家里面坐着。分田到户后，村长吴楚芳的弟弟从澳门带了电视机回来。一家人有电视，村里的人都会去他家看电视，坐得满满的。大家去霸位看电视，去得迟了没地方坐。那时候我们两夫妻还有孩子，会比谁先快出门，走得慢的那个要关门。

吴楚芳的弟弟叫林生，现在过世了。林生老婆是海澄村嫁过

第四章　从"土改"到集体化：一个动荡的时代

来的，那时候村里就只有他家有一台从澳门买来的黑白电视，在屋顶支一个天线架，就能收到信号了。看过的片子不记得了，好多都是讲白话（粤语）的。

广州来的知青里，我记得一个女知青叫郑卫琼，一个男知青叫谭锦泉。谭锦泉当年住在阿良的屋子里。知青落户的时候我们还是小孩子，阿良他们比我们大10岁。

有的知青跟着村民做工做到哭，人家在城里没有耕过田。那时候夏天还有蚂蟥，插田被蚂蟥吸住了，吐点口水，挪一挪就会掉了，不能拔，越拔吸得越紧。不过现在没有牛，蚂蟥也绝种了。

何华林：

我那时候是建房子的，19岁的时候在海澄帮他们家建房子的时候认识了我现在的老婆。我帮他们建房子的时候，晚上在那边睡，她帮我把衣服洗好。那时候我去解放军的服务社买两个小苹果，不敢直接给她吃，就藏在衣服里，等她拿衣服穿的时候，就会看见。我认识部队的同志，才能买到苹果，那时候是很难买到苹果的。那时候龙塘人寻老婆，就是送西洋菜，龙塘最出名的特产是西洋菜。那个年代很怕羞，不敢约出来，只是写信交往。寄一封信就8分钱。写信写了几年，23岁的时候，她爸爸找我说："阿林，你去跟你妈妈商量，择好日子，我把女儿嫁给你。"我19岁认识她，23岁和她结婚。

我1968年成家，生了3个孩子，两个女儿、一个儿子。那时候结婚是骑单车去接亲，我们骑了8辆单车去海澄那边接新娘。当时去海澄不是现在的路，是山路，很难走。当时依照风俗，新娘不能下地走，她坐在自行车上，由我推着走。后来我老婆不用我推，她说"我就是嫁给你的啦，不用你推，两公婆一起走"。当时8辆单车很厉害了，单车都是村民的，他们都会来帮忙。新娘接了回来，村里的女人就会唱歌，大家过来敬酒，闹新房。

曾彩群：

我们做妹仔的时候没有出头日，不过也有人介绍我们嫁去其他村子。我去看了，有的地方比自家还要差，比如说井岸那边的房子，有阁楼，一楼养满了猪，猪和鸡就在街头巷尾，我看了觉得很可怕，不喜欢，所以嫁回本村。我们村的土地比较平整，其他村的地形一级一级上，有的屋子还架在另一家的屋背上。也有妹仔认识部队的解放军，当年人们说嫁解放军是很了不起的。以前的妹仔会嫁给本村人，现在的都嫁到外头去了，嫁到珠海市区，或是嫁给北佬（外地人）。现在有了工厂，本地人也愿意嫁给外地人，说外地人懂事，本地男人不懂事、花心。

四、20世纪70年代的农业生产与生活

【精彩语录】

关于生产队的生产与劳动：

"都是大集体生产。上山搞副业，拾松针，割山芒，种花生，中午收工回自己家吃饭，吃完之后又上山砍一担柴，收工时又担花生又担柴。"

"我们把松针担到下面的水闸，很远的，在现在汤臣倍健方向的码头。一担110斤到140斤，当时一人有好几百斤的任务要完成。"

"如果身体不好，譬如孕妇，会安排积肥、放牛这样清闲一点儿的工作。"

"我怀孕的时候还要拉着牛犁田，插田，直到肚子痛了才坐自行车去医院。"

"也有人在半路生孩子。以前说生个孩子要备一副棺材，'半边棺材来生孩子'，不知道是生是死。"

"如果一家建房子，其他的年轻人会过来帮忙抬石头。以前的人是互相帮助的，和现在的人不同。"

第四章 从"土改"到集体化:一个动荡的时代

"当年建房子建到怕了,我做妹仔的时候还要去石场打石头,帮忙抬石头,两个人抬一块石头。"

"房子一开始是盖瓦的,后来不盖瓦,倒水泥。"

"以前村里有人在家摆酒,我们都会去帮忙做工,到生产队去拿碗、拿镬、拿镬铲。什么都有,哪个村民摆喜酒,就去拿。"

"生产队有一副帆布床,若有人生病了,邻里就帮忙抬去医院,从老塘围那边绕过村子到三灶街。"

"最记得毛主席逝世的那一年,我穿了一件白色的'的确良'恤衫,能穿上'的确良'就很了不起了。"

"干部拿着丈竹量,一排一排去量,你插了多少田就多少工分。"

"社员想要称谷打米就去粮仓称。每家每户有多少粮食,就去粮仓称多少谷,然后打米。"

"主要是种水稻,那边山斜的旱地就种花生。割了禾就拿去地塘那里晒谷,12个人晒几百亩田的谷。晒了之后,用风机吹干净才挑到粮仓。……晚上入仓要搞到9点多甚至10点才能收工。"

"农闲的时候,就去割木薯,收花生,晒干了花生之后,不能做工的老人就在粮仓拣选花生。"

"收了花生之后,就把它们挑到油厂换油。以前你带花生去,人家给你的油掺了豆油,都不是正宗的花生油。"

"以前过了(农历)二月就种花生,种一造就算了。八九月就拔花生,花生拔了之后就种番薯。"

"刚出来的时候做什么工作?首先,肯定要耕田。就算你想发展其他业务也没有条件,没有机会。"

"那时候政策不一样,还没有开放,以粮为纲,只能够搞生产,耕田。"

"那时候除非生病,不然每天都要开工,工作时间很长。哪有现在这么自由,以前集体组织劳动,很讲纪律。"

111

关于生产队的副业：

"三灶这个镇只有我们村的人会建房子。"

"生产队发展起来后，容纳不了那么多劳动力，就可以抽调一些劳动力做其他的事情，养猪、种菜、种竹、打石都有。"

"当时他们建房子是自学的，师傅带着徒弟做。我们整个生产队有两个建筑队，一个队有8~10个人。"

"建筑队除了做村里的工程，还接其他地方的工程。"

"如果不够钱建房子可以向生产队借钱，或者让生产队帮你把房子建好，年底算工分的时候就扣出来，一年不够扣的就第二年再扣。"

"工分的话，1.6元钱换10个工分。比如说，建好一个房子，平均5块钱一天，换算过来就30多个工分一天。整个工程做完之后，收钱回来，拿给生产队，然后换工分。"

"红砖是当年我们去中山小榄买的……买好后用船运到淡水河闸，找人搬上来，叠在围基上。当时没有路，不能走车，学生放学后就去那边担砖。"

"我的木工是自学的。跟着老一辈的人做泥水工很辛苦……跟到脾气不好的大工，就整天骂你。我不服气，为什么要跟他们学呢？"

"三灶周边没有任何木工工具卖，1971年我跟着广州知青谭锦泉到广州买工具。"

"做木工一个人也能出去谋生，不需要像泥水工那样，最少也要3个人组成团队。"

"当年做木工也是在生产队记工分。……譬如，卫国村，某某人，做了10个工分，多少钱一个工分。出纳就会去收钱入账，替我记工分了。"

"以前种蚝是在现在航空产业园那一带，整个鱼林村的6个自然村在那边都有蚝田。"

"种蚝就是三四月份的时候把石头扔到海边，一两个月之后就会有蚝种附在上面，然后把石头搬回来。我们只是把它种下去，后面的养殖和加工就不管了。"

"集体的时候副业除了种蚝，还养鸭、养猪，还在山上种松树，落了松针，拿松针去卖。"

关于偷渡和移居港澳：

"当年偷渡是很普遍的事情。"

"那一年我弟弟和一班人偷渡出去，因为没有身份证，在澳门被警察捉了一批回来。"

"最高峰是在分田到户前的80年代初。"

"我妈在澳门帮人做工，我跟着她，肚子饿了就哭。"

"后来我妈就回来照顾我们，我爸就出去了。现在，我爸爸在澳门，大姐在香港，妈妈和我们两姐妹在这里。"

关于往来澳门做买卖：

"1962年是一个转折点，允许运凉茶和鱼到澳门街卖。"

"要先把人民币换成港币才能买，不过基本上是不用换货币的，带过去的那船货就可以换水楼、化肥这些东西。"

"1972年的贸易证是鱼林大队的，不是村里的。"

"1978年之后，个人可以申请外贸证了，但也不是人人都能申请到。"

"1979—1980年，村直接可以去澳门做贸易了。"

"贸易证很难拿，要办很多手续，要生产队、乡镇政府写意见，然后让边防局局长写意见。"

"我花5000块钱买了一条船，是扒龙船的那种船，但两头不翘起来，是齐平的，船上还有一个发动机。我开船去澳门装一些二手的旧货回来卖。"

"村子的土特产，如冬瓜、西瓜等果蔬，用船运去澳门卖。"

"当时出口、进口都是有限制的，只能买一些必需品回来。"

"开始的时候是带一些旧机，后来有新机。……一到那边他就会带我去找旧货。……带回来的东西多数是电视机、录像机，还有床啊，椅子啊，什么都有。"

"那时候走私香烟，把十几条香烟包好，潜到水底，把香烟粘在船底。一条香烟赚二十几块。"

"有次在半路发动机坏了，我跟伙计说跳到山上去。当时开的是大船……风浪又大，我都不敢掌舵，浪翻上来，像小山那么高，什么都看不见。"

1. 生产队的生产与劳动

曾彩群：

我年纪很小就出来做工了，读书只读到小学五年级，没有读初中。以前小学是在村里读，就在地塘粮仓后面。现在学校拆了，又建了几层楼。那时村里还有托儿所，大人们都到外面做工，没空照顾小孩子。

我在这条村长大，在这条村嫁人，村里什么情况我都知道。我们从出世到出来做工都是大集体生产。上山搞副业，拾松针，割山芒，种花生，中午收工回自己家吃饭，吃完之后又上山砍一担柴，收工时又担花生又担柴。

我们把松针担到下面的水闸，很远的，在现在汤臣倍健方向的码头。一担110斤到140斤，当时一人有好几百斤的任务要完成。种田男女有分工，男的去担秧，女的做拉线①。我们一帮妹仔去拉线，其他人跟着线来插田。还有的人去施工队，各条村凑一些人成为一个大集体去打涵道②。

涵道有几米高，是藏粮食的地方。粮食不是用来吃的，而是用来备战，因为三灶是个岛，容易受侵略。

---

① 为何插秧时需要拉线？这是当时在全国水稻种植地区推广的"合理密植"的一种农业技术方式。水稻种植既要密，禾苗之间又要通风，所以插秧时每一株秧苗之间需要成行成列，呈现为标准化的格子状。但许多农村地区过分强调密植，反而不利于作物生长，实际上更有可能造成粮食减产甚至禾苗死亡。

② 通过后来向口述者求证，涵道应该是防空洞，或防空用仓库。

第四章

从"土改"到集体化：一个动荡的时代

那时记得是一九七几年的时候。每个村出几个人，组成三灶的一个队伍，派驻到圣堂、春花园、大眼浪和海澄打涵道，龙塘没有涵道。

大集体的时候，如果身体不好，譬如孕妇，会安排积肥、放牛这样清闲一点儿的工作。以前是没有产假的，生完孩子45天左右就出来做工了。以前也没有预产假，像我怀孕的时候还要拉着牛犁田，插田，直到肚子痛了才坐自行车去医院。

也有人在半路生孩子。以前说生个孩子要备一副棺材，"半边棺材来生孩子"，不知道是生是死。顺产的话两三天就离开医院了，但伤口还没有愈合。当时不是水泥路，坐自行车很颠簸，很辛苦。

大集体的时候，村民之间是互相帮助的。我爸爸是建筑队的，自家的房子自家建。当年建房子建到怕了，我做妹仔的时候还要去石场打石头，帮忙抬石头，两个人抬一块石头。未分田到户时，如果一家建房子，其他的年轻人会过来帮忙抬石头。以前的人是互相帮助的，和现在的人不同。

房子一开始是盖瓦的，后来不盖瓦，倒水泥。铁很贵，没有铁怎么办呢？买些毛竹，把它剖开，削好，就可以当作铁来做架子，倒水泥。

不单是建房子，以前村里有人在家摆酒，我们都会去帮忙做工，到生产队去拿碗、拿镬、拿镬铲。什么都有，哪个村民摆喜酒，就去拿。后来村民摆酒找不到人帮忙，就都改去茶楼办酒席了，有钱的就去高级点的，没钱就摆小一点。

生产队有一副帆布床，若有人生病了，邻里就帮忙抬去医院，从老塘围那边绕过村子到三灶街。三灶医院最开始是在三灶街春花园那边。

我们做妹仔的时候很可怜，穷得可以说连底裤都没的穿。最记得毛主席逝世的那一年，我穿了一件白色的"的确良"恤衫，能穿上"的确良"就很了不起了。以前是用布票来买布的，一个人分配 3 尺布，但做一个人的衣服至少要 5 尺布。

我们有衣车（缝纫机），自己在家里缝制衣服。现在的人都不自己缝制衣服了。

李锦月：

集体耕田的时候，生产队 500 多亩田，全部都是种水稻，很辛苦的。种水稻，一过了年就要下秧，一片一片铲起来，挑到田边，一棵棵插，一排排插。

出来做工的时候，生产队安排做什么就做什么。下秧的时候，我们年轻人负责拉线。以前耕田的时候，找十个八个拉线，在田两边拉着，一行一行地给别人插秧。队长就派我们几个拉线，村里的社员就打秧，包工的。干部拿着丈竹量，一排一排去量，你插了多少田就多少工分。

我们年轻人又要插田，又要割禾，什么都做。主要是种水稻，那边山斜的旱地就种花生。割了禾就拿去地塘那里晒谷，12 个人晒几百亩田的谷。晒了之后，用风机吹干净才挑到粮仓。全部都是我们十几个人管，晚上入仓要搞到 9 点多甚至 10 点才能收工。

以前我们晒谷的时候，都能叫队长罗添福帮忙，他很好的。每次晒谷、入围、管仓，都能叫他帮忙。他会把竹围做好，在我们把谷倒满之后，他懂得放一些药下去，这样就不怕谷子被虫子蛀。社员想要称谷打米就去粮仓称。每家每户有多少粮食，就去粮仓称多少谷，然后打米。

农闲的时候，就去割木薯，收花生。晒干了花生之后，不能做工的老人就在粮仓拣选花生。我们后边的山种过橘子、三华李、芒果、荔枝这些果树。那些怀孕的妇人肯定不能做辛苦工，生产队就调那些怀孕的人挑肥去浇一下果树，去果园除一下草，做一些没那么辛苦的工。

收了花生之后，就把它们挑到油厂换油。以前你带花生去，人家给你的油掺了豆油,都不是正宗的花生油。以前过了(农历)二月就种花生,种一造就算了。八九月就拔花生,花生拔了之后就种番薯。现在拔了花生之后,重新锄地,再种花生,也是很好的(现在一年可以种两次花生,五六月的时候可以再种一次,到九十月再拔)。现在一年四季什么时候都能种,你勤快一点儿施肥浇水,什么都能长。

陆瑞文:

我初一读了一个学期就出来做工,当时16岁。刚出来的时候做什么工作?首先,肯定要耕田。就算你想发展其他业务也没有条件,没有机会。那时候政策不一样,还没有开放,以粮为纲,只能够搞生产,耕田。那个年代什么事都以耕田为主。当时田都种满了的,我们龙塘有500多亩田。500多亩田养几百个人肯定养得起啊,但不是随便让你吃,还要上交国家。

我20岁左右开始做建筑。当时生产队要搞副业,有一个建筑队。农闲的时候就去搞副业。我们这批人最辛苦,就是现在58~65岁这批人。

我出来做工的时候刚刚是集体化的时候。集体劳动记工分,我16岁年纪小,工分很少,只有5分,是最低工分。后来一年一年长大了,开始有12分,是一级劳动力。

比较强壮能做工的那些人就是一级劳动力。那时候除非生病,不然每天都要开工,工作时间很长。哪有现在这么自由,以前集体组织劳动,很讲纪律。

罗添福:

(20世纪)60—70年代的时候,那些人不懂得怎么种田,强调密植,强制下指标,大家没办法只能执行,结果水稻种得太密,都死了,没有收成。

2. 生产队的副业经营

龙塘生产队的生产经营以种植业为主，其中最主要的是水稻种植，其次还有甘蔗、花生、西洋菜等作物的种植。除了农业生产外，生产队还发展了其他副业，如养猪、养鸭，组织建筑队、船运队等。

其中建筑队是龙塘生产队的特色副业。据村民回忆，整个三灶只有龙塘有建筑队，其他生产队如果需要修建房屋，都要请龙塘的建筑队帮忙。

吴华发：

生产队的时候，我什么都做。出海捕过鱼，在海上生活了十几年；做过几年运输，运东西到石岐、江门。捕鱼、运输都是生产队派出去，赚钱换工分的。捕鱼、运输怎么计算工分呢？1.6元换10个工分，有时不止1.6元，没准的，按钱拿工分。

我年轻的时候很能干，什么困难都不怕。那时候做运输，就是我们村买了一条艇，我就和几个人一起给供销社找一些副业。运出去、运回来，生产队收了运费然后折算工分给我们。我还去打过石，这么多行最辛苦的就是打石了。

年轻的时候我还去过顺德均安，去那里找朋友。我骑单车经过江门的荷塘，看到大头菜这么大个，一个人只能挑四五个。看到他们砍甘蔗，一个人扛不起一条甘蔗。为什么呢？因为太长了，两头到地。当时觉得，哎呀，这地方这么好，大头菜、萝卜这么大，还有大黑蔗。当时我们这里还没有种甘蔗，后来才开围种蔗。

吴楚芳：

除了种田，生产队还有其他副业。生产队发展起来后，容纳不了那么多劳动力，就可以抽调一些劳动力做其他的事情，养猪、种菜、种竹、打石都有。还有建筑队,当时他们建房子是自学的,师傅带着徒弟做。

我们整个生产队有两个建筑队,一个队有8~10个人。建筑队除了做村里的工程,还接其他地方的工程。哪里有工程,就到哪里去做。

以前要1000多块钱才能把房子建起来,一下子哪有这么多钱?如果不够钱建房子可以向生产队借钱,或者让生产队帮你把房子建好,年底算工分的时候就扣出来,一年不够扣的就第二年再扣。

建筑队建房子也是算工分的,大概2块钱拿10个工分。建筑队内部怎么算呢?他们自己调整。例如,建一个房子,工钱是1000块,这个建筑队有10个人,就这10个人自己分。如果他们认为没什么区别就平分,按一天多少分算。

何华林:
我为什么会做泥水工呢?是超雄他爸爸带的。村里几代人都会建房,沛良他爸爸和超雄他爸爸就是老一辈,我们就是小一辈,我们下面还有一代人,都是做建筑的。我那时候每天5点钟起床,踩好塘泥。请人凿开石材后,我们就去搬。一九六几年的时候,罗定的人来打石,8分钱打1块石头。我们用肩膀扛过来,别看我这么矮小,我能扛160斤的石头。

我那时候很厉害,那两间粮仓和供销社那两间屋子的建设,我都有参与,它们是当时最靓的房子。三灶30多条村,每条村我都去建过房子,中心、茅田、木头冲、春花园、草堂、圣堂……我都去过,在鱼林建的就更多了。

为什么那么多地方的人都找我们建房子呢?因为三灶这个镇只有我们村的人会建房子。后来社办(社队企业办公室)也搞了建筑队,我也想去那个建筑队,但是我们生产队不让我去。因为我们生产队就是我们搞副业,主要的收入就看我们了,所以不让我们去。我做建筑20多年,都不知道建了多少间房子了。

工分的话,1.6元钱换10个工分。比如说,建好一个房子,平均5块钱一天,换算过来就30多个工分一天。整个工程做完之后,收钱回来,拿给生产队,然后换工分。做建筑比耕田好啊,工分多,还可以到处去,整个三灶我都走遍了。

何沛良:

1966年我高小毕业,当时能读完高小算不错的了(图4-1为何沛良小学毕业照)。我没有读初中,而是参加村生产队劳动。靠近村边的水稻田叫鸡口田,当年鸡是放养的,会去吃谷,我的第一份工就是去赶鸡。当时我拿了8个工分,几毛钱都不到。

图4-1 何沛良小学毕业照(从下往上数第4排右边第5个为何沛良)

1969年我出来做建筑,当泥仔小工,搅泥搅灰,小工还没有资格上墙砌石。建筑队一开始在村子里面做工,跟着又到机场那边。当时整个三灶只有我们村有两支建筑队。

村里的房子一开始是泥砖屋，泥砖上面是盖茅草的。1962年以后改成了石屋，屋顶是盖瓦的。我老爸（20世纪）50年代就已经在建筑队了。做泥水工2元一个劳动日，也就是2元10个工分，当时有两三个劳动力就能够打石头建房子了。

建筑队到山边抬蛮石，蛮石形状不规则，属于风化石一类。用灰、泥做浆，砌一半的墙，待雨水冲刷也不会流失时，就可以砌泥砖。

村民会互相帮忙修房子，我还是小孩子的时候，哪家要起房子，我们都跑过去帮忙担砖、担瓦。现在还有好几家房子的红砖是当年我们去中山小榄买的，是"三角唛"牌的，质量很好。买好后用船运到淡水河闸，找人搬上来，叠在围基上。当时没有路，不能走车，学生放学后就去那边担砖。

以前的人没有钱，大家互相照应。分田到户以后，人们不知是进步了还是怎么样，一切都向"钱"看齐，已经没有了这个传统。

何沛良：

我的木工是自学的。跟着老一辈的人做泥水工很辛苦，3个大工管1个小工。要是跟着脾气好的大工，他不骂人；跟到脾气不好的大工，就整天骂你。我不服气，为什么要跟他们学呢？所以就没学成。

三灶周边没有任何木工工具卖，1971年我跟着广州知青谭锦泉到广州买工具——斧头、锯，然后回到村里做木工。做木工一个人也能出去谋生，不需要像泥水工那样，最少也要有3个人组成团队。我一个人知道是什么原理就行了。

三灶人谁想建房子，就需要找人做桁角瓦，我就去给人家修桁。桁就是梁，角就是屋顶上一列一列的木条，瓦片一块一块地架在上面。我跟着别人做了两年泥水工，已经知道梁怎么做，角怎么做了，又会拉大锯。

做木工靠的是头脑灵活变通，不懂就看看样板，了解榫是怎么下的。以前哪有说当多少年学徒就出师的？只要你有心去学、去钻研就可以了。村里年纪相近的年轻人中，我是最早出来做木工的，堂弟也是我带出来的。

当年做木工也是在生产队记工分。我给别人干活，首先自己记工，然后和主家对工——我在你这里做了多少天，和你核对一下——核对完以后我就把工数交给村里的出纳。譬如，卫国村，某某人，做了10个工分，多少钱一个工分。出纳就会去收钱入账，替我记工分了。

当时分为一级工、二级工、三级工，一级工比学徒高一些，能够自己独立接活儿的起码都是二级工，最高是三级工。级别不是自己定的，而是主家看做工的质量来定的。

（20世纪）60年代末，通常都是给我0.26元一个工分。0.22元一个工分的叫学徒工。2.20元记10个工分，多出的4毛钱就按工分算给我，多劳多得。

1974—1976年三灶的市场价是0.22～0.28元钱一个工分，2.6元钱拿10个工分。1982—1983年，分田到户初期是5～6元/天。80年代末90年代初期，我做一天20块钱，在当时来说算很厉害的了。

当时工分按农忙、农闲分开计算，农闲时11分是一级劳动力，农忙时就多加一分，12分是一级，所以最多给你12分。

做木工、泥水工不需要跟着别人去耕田挖地，很多青年仔就是因为这个原因，要学这门手艺。我带了两个堂弟，接些公家的活儿，像学校，每一年都需要修理旧桌椅，做新桌椅。公家给钱，对方的要求没那么严格，适合带着学徒来做。

何国荣：

我在红星小学读小学，就在现在粮仓后面。小学毕业后就出来工作，砍柴、种蚝都做过。

以前种蚝是在现在航空产业园那一带，整个鱼林村的6个自然村在那边都有蚝田。一般来说是比较强壮的人去做这件事情。种蚝就是三四月份的时候把石头扔到海边，一两个月之后就会有蚝种附在上面，然后把石头搬回来。我们只是把它种下去，后面的养殖和加工就不管了。

我们这条村，以前集体的时候有加工蚝，后来就没有了。因为数量不够加工不了，集体的时候量比较大才能加工。那时候种蚝是在磨刀门。

集体的时候副业除了种蚝，还养鸭、养猪，还在山上种松树，落了松针，拿松针去卖。拿去哪里卖我就不知道了，当时还很小，只知道有这么一回事，没有卖过松针。

3. 移居港澳

三灶岛与澳门隔海相望，水路很近，因而当地与澳门有长期密切的联系，一直以来都有居民通过合法或者非法的方式移居澳门，其中多数是"屈蛇"① 出去的。所谓"屈蛇"，就是花钱通过"蛇头"偷渡到澳门或香港。红星村的情况自然也是这样。

政府对偷渡抓得很严，如果被发现，就会被抓去劳改10年。但也有人冒险，偶尔带人偷渡去澳门，但他们并非职业性的"蛇头"。带人的路线有些是从草堂湾开始游水，经过横琴再到澳门，要游几个小时。如果要去香港，就要到澳门再坐大船过去。

何沛良：

(20世纪)60年代初，国家处于经济困难时期，很多人都吃不饱、穿不暖，向往香港、澳门的生活，想偷渡到港澳地区。

---

① "屈蛇"：大意是把偷渡者像蛇一样蜷曲起来，塞在舱底送出境外，是一种形象的说法。帮别人偷渡以牟取非法暴利的人就被称为"蛇头"。

当年广州来我们村的下乡知青中也有人偷渡去澳门，还有的去了香港。当年偷渡是很普遍的事情。

相对于其他村，我们村偷渡的人不算很多。最高峰是在分田到户前的80年代初。我阿叔和兰婆老公观旺是叔伯兄弟，1960年，他们那批人坐船偷渡澳门，到黑沙湾时被大浪打翻了船，没有偷渡成功。

李富平：

龙塘申请去中国澳门、香港，以及美国的有十几个，他们有直属亲戚在那里。偷渡出去的也有十几个。1979年我刚当队长，那一年我弟弟和一班人偷渡出去，因为没有身份证，在澳门被警察捉了一批回来。后来澳门大赦，我弟弟拿到了证。我们村偷渡的人算少了，海澄一个晚上有几十个人坐船偷渡过去。很多船走到半路被捉回来，捉到珠海那边，关一阵子又放回来了。（20世纪）60年代海澄那边偷渡的很多，我们村少，一九七几年开始多，最多的就是1979年那一批，出了二十几个人。拿到证的有11个人，和捉回来的人数一样。这些出去了的村民对集体有帮助，村里办敬老活动的时候，他们乐意捐钱。

曾彩群：

大家为什么偷渡呢？当年村的收入少，一个生产队一年到头做工也就100来块钱，一个家庭不够花。我做工一年到尾都没有钱的，问妈妈拿10块钱都没有，说句不好听的话，连买草纸的钱都没有。

现在我的两个哥哥、两个妹妹都在澳门，当年都是偷渡过去的。我也曾试过偷渡，坐船过横琴，就像过一条河那么近。到半路时我以为要下船，哪知道有人说澳门有人杀了人，不要去啊，那晚就没去成。

第四章 从"土改"到集体化：一个动荡的时代

何华林：

我大哥是 1959 年去香港的，他是申请出去的。当时家里穷，把大哥送给关国华的大哥何竹林养。后来，我的五妹也是给他养。当时是罗添福批出去的。

关国华跟我们不是同一房人，他给了姓关的人养，改名关国华。他在澳门街的台山。一过去关口就是台山，台山下去就是黑沙环。他的妹妹还在这边，叫何四好。打日本仔的时候，关国华在澳门做警长。那时候他很有威望，村里的人偷渡去澳门他也会接应。

1977 年，我弟弟和罗添福的侄子罗顺友一起游泳去澳门。那时候很多人放哨捉偷渡犯，白天不敢游。到澳门街就有人接应。1979 年，我小弟坐船去香港，坐的是那种大拖船，捕鱼的。

我也是有机会去澳门的。但是因为要照顾我妈妈，我妈妈不愿意走，所以就没有偷渡。

李锦月：

1961 年，我大姐嫁到了鱼弄，我姐夫就帮我姐申请去香港了。大姐的老公小的时候，爸爸被日本仔杀了头，妈妈又改嫁，他 12 岁就跟人走难去了香港。那时候在香港还是很困难的，我姐夫一上岸，没有地方住，又没有亲人，躲到石窿里边住。住着住着，长大了就在香港找工作。后来回来娶老婆，就娶了我大姐。

我大姐是先去澳门街，然后从澳门去香港。我姐去香港是生产队批准的，写证明，然后批准她出去和老公结婚，到香港后她才结婚。以前结了婚也不让过去，要偷偷地"屈蛇"过去。香港那边也不让人过去，只能偷渡。大姐和姐夫结婚就能给她身份证，去到香港一年之后，她就拿到了身份证。

后来我爸爸身体不好，向生产队写证明，生产队就批准他出去治病。他病治好了之后就没有回来，很多人出去了就不回来

125

了。我爸不回来，我妈就申请出去看望我爸爸，然后就批准了。

妈妈本来想带上我，但我不愿意。我6岁的时候出去过一次。那次，爸爸还没去澳门，大姐在香港还没有身份证，也不能来澳门。我妈在澳门帮人做工，我跟着她，肚子饿了就哭，别人见我哭得这么可怜，就叫我妈给我买个面包，我妈就买个面包给我吃。

第二次我妈要带我出去，我就不肯去了。那时候可以申请出去做工的，我妈妈可以带上我和二姐出去，但我不肯去。后来我妈就回来照顾我们，我爸就出去了。现在，我爸爸在澳门，大姐在香港，妈妈和我们两姐妹在这里。

4. 往来澳门做买卖

何沛良：

1962年是一个转折点，允许运凉茶和鱼到澳门街卖。外贸证以生产队为主体，个人申请不了。个人可以申请移居澳门，但通过的人不多，一个是我阿叔，一个是治保主任罗添福的婶婶，还有黄畅、罗红日，总共也就几个人。生产队做外贸赚了钱，集体分配，2元一个劳动日，这对当时来说算很高的了，因为其他地方也就4～5毛钱10个工分。有的家庭劳动力多，一天可以赚20多个工分。村民裤袋里有了钱，于是家家建石屋。

1978年之后，个人可以申请外贸证了，但也不是人人都能申请到。海澄是三灶的"特别行政区"，那里的人都能申请到，只要你有本事。海澄是边防地区，1978年之前物资也比其他村分配得多一些，如布票就比我们多几尺。

李富平：

1962年开放贸易，人们可以直接去澳门，但去澳门是要回来的。1972年的贸易证是鱼林大队的，不是村里的。1979—

第四章　从"土改"到集体化：一个动荡的时代

1980年，村直接可以去澳门做贸易了，目的是增加村的收入。村子的土特产，如冬瓜、西瓜等果蔬，用船运去澳门卖。(20世纪)70年代最缺做衣裳的布，我们用卖特产得到的钱买布，分给村民，一个人3尺或5尺。

吴楚芳：

(20世纪)60年代有了一些农副产品：生鱼、番薯、西洋菜等。当时我们这里种的西洋菜很靓，经过大队和人民公社的批准，还可以运到澳门卖。卖了那些农副产品，就可以买水楼，每个劳动力配一件。当时有一条小船，还是用桨划的。一年就这个时候去一次。个人想去的话，就要向生产队申请，生产队批准了就可以去几天。

我去过两次，带一些生鱼、西洋菜过去卖，很少的，大概几百斤。当时那个运货船装柴去香洲，我就跟过去，一般去四五天。

当时澳门也是很破旧的。自己没有钱买东西，有需要的话就买一些锅、饭勺之类的。那时候也要先把人民币换成港币才能买，不过基本上是不用换货币的，带过去的那船货就可以换水楼、化肥这些东西。

一九七几年的时候就可以去澳门买二手电器回来。有个社办企业专门做外贸，社办主席专门安排人去买。当时不是谁都能去的，要有证才可以去。如果要去澳门的话，要先到村里报名，经过审核批准后才能去。没有固定谁负责这件事。要先向公安申请，小队、大队、公社、派出所一个个地签字。当时出口、进口都是有限制的，只能买一些必需品回来。

20世纪80年代初，三灶与澳门的经济贸易越发频繁。政策上，贸易证不再只归集体所有，也开始颁发给个人。何华林回忆了他80年代行船的经历。

何华林：

我建房子建到 1980 年，然后去澳门做买卖。当时有贸易证的话可以去香港和澳门，但是我没有去香港，只是去澳门。贸易证很难拿，要办很多手续，要生产队、乡镇政府写意见，然后让边防局局长写意见。我跟他们都很熟。有贸易证就可以每天都去澳门，从海关过去也行，从湾仔过去也行，哪里都可以走，通行无阻。那时一个乡才几个人有贸易证，每半年办一次。我拿贸易证十几年，因为规定 60 岁以后就不能去了，所以我到 60 岁就把贸易证交还给政府了。

我花 5000 块钱买了一条船，是扒龙船的那种船，但两头不翘起来，是齐平的，船上还有一个发动机。我开船去澳门装一些二手的旧货回来卖。除了刮风下雨，每天都去。我很少从这边带东西过去卖，有装过生鱼去澳门，但主要是从那边带旧货回来。

开始的时候是带一些旧机，后来有新机。当时那边有个中山人，一到那边他就会带我去找旧货。我当时走遍了澳门，带回来的东西多数是电视机、录像机，还有床啊，椅子啊，什么都有。他们扔出来，我就捡回来。那时候家里热，全都去天台睡，去地塘睡。我从澳门带些折叠的帆布小床回来，我和老婆就拿那些小床到地塘睡。

老几代村里的人用的电风扇，也是我捡回来的。现在经常和我一起喝茶的阿公，他们家那台 50 寸的电风扇，就是我当时带回来的。

我还请了一个伙计，他是一个聋哑人，但很会干活。我每个月给他发 400 块钱的工资。他主要帮我上货、卸货、洗船，如果我拿到香烟，他就帮我把香烟藏到船底。

那时候走私香烟，把十几条香烟包好，潜到水底，把香烟粘在船底。一条香烟赚二十几块。那时候有一班妇女走上井岸，走到磨刀门时，海关开枪，有一个女人被打死了。风险很大，我就走过两次。

我命很苦，出海差点儿没命。有次去澳门，船被打翻，风大浪大，我们两个人跳到海里，拖着船游到沙栏岸边，找人拿些柴，烧着了取暖才救回一条命。

1984年去台山收蟹的时候，有次在半路发动机坏了，我跟伙计说跳到山上去。当时开的是大船，船大概有这个房子那么大，有个棚顶，就跟现在的渔民船一样。船上就我和4个伙计，风浪又大，我都不敢掌舵，浪翻上来，像小山那么高，什么都看不见。船被打翻了就什么都没有了。幸好后来发动机好了，才捡回来一条命。

我摇船很厉害，有次开船去澳门，发动机中途坏了，我摇船摇了一个多小时才到莲塘码头。村里扒龙舟每次都叫我去。

年轻时做这些事很辛苦、很艰难。我还帮香港的鱼老板打过工，去越南的海上打鱼，不仅辛苦，还有危险。这些鱼老板非常刻薄，打人骂人，除了工资，也没有其他福利，过年回来时每人给一点儿咸鱼就算是好的了。

五、鱼林大队办的企业

【精彩语录】

"鱼林大队在榄坑筑堤围海养殖鱼虾，面积有600亩（这片海滩现在已经填起来成为陆地了）。"

"固定有3～5人负责养殖，这是要发工资的，在（20世纪）80年代，这些养殖工人的工资有100多元。"

"三灶这一带养殖鱼虾就是鱼林大队先做起来的。"

"我到湛江、深圳等地去参观学习，然后就回来搞养殖。当时珠海调了两个大学生下来帮忙。"

"鱼林大队还办了作物大队，有几十亩耕地，分3处地方种蔬菜瓜果等。作物大队有10个劳动力，是从各生产队抽调的……他们的工资也是由大队发的，不用交回生产队。耕地是从生产队收上去的，是海边的一些地。"

"鱼林大队还有一个外贸小组，做进出口贸易，主要去澳门那边做交易。"

"1989年，珠海筹建西区，准备成立三灶管理区，要开发东咀。……但是中央不承认，没有批。"

吴祥发：

那个时候有大队企业，大队和生产队的经济核算是分开的。大队企业主要搞的是贸易和养殖。

（1）围海养殖。

鱼林大队在榄坑筑堤围海养殖鱼虾，面积有600亩（这片海滩现在已经填起来成为陆地了）。用泥巴筑堤坝围海，再在里面用网来养殖。

三灶这一带养殖鱼虾就是鱼林大队先做起来的。当时到外地学习，养殖斑节对虾、罗氏虾、鳝鱼之类，运到澳门卖。设备就是充氧机、渔网等。固定有3～5人负责养殖，这是要发工资的，在（20世纪）80年代，这些养殖工人的工资有100多元。养殖场收入还可以，但产量一般。

我到湛江、深圳等地去参观学习，然后就回来搞养殖。当时珠海调了两个大学生下来帮忙。效益可以，但产量一般。

（2）作物大队。

鱼林大队还办了作物大队，有几十亩耕地，分3处地方种蔬菜瓜果等。作物大队有10个劳动力，是从各生产队抽调的，大的生产队抽3人，小的抽2人。他们的工资也是由大队发的，不用交回生产队。耕地是从生产队收上去的，是海边的一些地。

（3）贸易小组。

鱼林大队还有一个外贸小组，做进出口贸易，主要去澳门那边做交易。做外贸是需要批文的。

（4）三灶管理区。

1989年，珠海筹建西区，准备成立三灶管理区，要开发东咀，由钟华生负责。当时分别在海澄、鱼林抽了一个干部，我是其中一个，海澄那边抽的干部也是大队队长。我们跟着钟华生去做开发，去征地，我当时做的主要是集资。

1989—1993年进行西区开发，成立三灶管理区。但是中央不承认，没有批。恰逢1993年金融危机，钟华生没有足够的资金再去进行开发。后来三灶管理区解散，金湾区设立。我也因为三灶管理区不被承认而无法完成从农村干部到国家干部的转变。

三灶管理区停办之后，我也没有回大队工作，而决定开厂做生意。当时和郑秋相一起合作办酒厂、养猪。

六、红星村的公共设施

【精彩语录】

"学校名字叫中山县龙塘小学，当年龙塘村、前锋村、东升村、卫国村的小孩都来这里读书。"

"校舍是一间大茅棚，是从山上割芒草，砍了竹子把芒草夹起来，再一块一块地盖起来的。"

"小学有4个年级，老师不够，有复式班。一年级要学拼音，就一个班，由一位老师负责。二年级和三年级合并为复式班……四年级属于毕业班，所以也由一位老师负责。"

"1964年我入学，在茅寮读书，1965年到新校舍读，所以小学应该是1964年开始建的。"

"地塘原来有一个大晒谷场，生产队晚上就在那里开会。(20世纪)70年代前村子没有电，开会点大汽灯。大汽灯就是一个火水壶，一条管喷火水上来把灯纱点着，打的气足，灯的亮度就高一点儿。……只有生产队有汽灯，私人点不起，家里点的是煤油灯。"

"1970年三灶公社在我们村山上修了一座水电站。水电站1971年年底开始发电，专供电三灶公社……只覆盖公社周围的村庄：鱼林乡的龙塘村、卫国村、东升村、前锋村、谭家围、月塘、榕树仔，加上三灶街的三灶中学。……供电时间从晚上6点半到10点，最多延时到11点。"

"'家家惠'那里原先有个水闸，往下是咸水，往上是淡水。现在不是还有个淡水闸吗？1958年'大跃进'时开发了那条河。"

"5月份水淡，放咸水进来泡一泡田，冲一冲禾苗，相当于下一次有机质磷肥。"

"靠近咸淡水交界的围田很少施肥，山边的坑田就要施肥。"

"种水稻就是要排水排得恰当，露田露得恰当，晒田晒得恰当。"

"1968年建粮仓，就是现在村办公室那栋，楼下做粮仓，楼上做大会堂。另一栋粮仓是1970—1971年建的。"

"（20世纪）80年代村民捐款修圣母庙，在凉亭上来一点儿的位置上修了一间很小的庙。……现在的圣母庙是1992—1993年修起来的。"

何沛良：

（1）龙塘小学。

我1951年出生，1958年开始读小学，那时刚好是"大跃进"、人民公社时期。学校在地塘，即现在村委大楼的前面，从"众爱厨房"后门那个地方起，差不多到石敢当的位置，是一个长长的茅寮。学校名字叫中山县龙塘小学，当年龙塘村、前锋村、东升村、卫国村的小孩都来这里读书。

小学有4个年级，老师不够，有复式班。一年级要学拼音，就一个班，由一位老师负责。二年级和三年级合并为复式班，二年级坐一边，三年级坐另一边。四年级属于毕业班，所以也由一位老师负责。以前规定是8岁入学，我7岁就进学校了，但是我比较调皮，一年级读来读去，读了4年。

1963年，龙塘小学易地重建，我四年级就在那间课室读。当年修建校舍，我们从山边抬黄泥来建地台。

（2）地塘——晒谷场。

地塘原来有一个大晒谷场，生产队晚上就在那里开会。（20世纪）70年代前村子没有电，开会点大汽灯。大汽灯就是一个火水壶，一条管喷火水上来把灯纱点着，打的气足，灯的亮度就高一点儿。汽灯的亮度和现在的路灯差不多，相当于30瓦。火水很贵，只有生产队有汽灯，私人点不起，家里点的是煤油灯。

（3）水电站。

1970年三灶公社在我们村山上修了一座水电站。水电站1971年年底开始发电，专供电三灶公社。由于不是大电网，供电量不是很大，只覆盖公社周围的村庄：鱼林乡的红星村、卫国村、东升村、前锋村，谭家围、月塘、榕树仔，加上三灶街的三灶中学。鱼弄、榄坑还没有通电。

供电时间从晚上6点半到10点，最多延时到11点。两个工作人员6点半打开水闸，水轮机开始转动发电，凡是拉了线的就会通电。

当年没有工业，供电主要用于照明，普通人家里也通了电。工作人员还负责收电费，以及电路的日常维护。当时没多少线路，供电量也有限，灯的亮度不高，就算点100多瓦的灯泡也不亮。当年也没有路灯。

（20世纪）90年代村子才修了水泥路，之前都是泥路、田基。

（4）水闸。

"家家惠"那里原先有个水闸，往下是咸水，往上是淡水。现在不是还有个淡水闸吗？1958年"大跃进"时开发了那条河。

珠海红星村口述史
——一个南海边陲工业化村庄的变迁

我还是青年仔的时候，每隔两三年，就去修一次闸板。咸水一进来，禾就会死掉。在水淡的时候放水进来，冲一冲禾苗，这相当于下一次肥。所以靠近咸淡水交界的围田很少施肥，山边的坑田就要施肥。

一个村有两个排水员，坑田有坑田的排水员，围田有围田的排水员。排水员看准初一或者十五，哪片田就要晒田了，他就排水。晒田使禾的根系往上走，抗病能力强一些。如果你一天到晚都用水浸泡禾田，结出来的稻谷就不够饱满。

通常插田放水，等到禾仔发青，就排水、露田一个礼拜左右，让禾的根往上走，跟着又放水，水浸泡田面1寸左右，等禾苗发棵。

总之种水稻就是要排水排得恰当，露田露得恰当，晒田晒得恰当。分田到户后，没有排水员。大集体的年代才统一排灌，亩产少的也有800多斤，新围、西围有1300～1400斤，所以大集体的时候，我们村不愁没粮食吃。

李富平：

（1）龙塘小学。

我是1955年出生的，在8个兄弟姐妹中排行第四，1964年上小学，刚好9岁。学校就在现在村办公室的位置。

校舍是一间大茅棚，是从山上割芒草，砍了竹子把芒草夹起来，再一块一块地盖起来的。

这间学校在我大哥读书的时候只有一年级和二年级，到我读书时已经有三年级和四年级。

1964年我入学，在茅寮读书，1965年到新校舍读，所以小学应该是1964年开始建的。

（2）粮仓。

1968年建粮仓，就是现在村办公室那栋，楼下做粮仓，楼上做大会堂。另一栋粮仓是1970—1971年建的。办公室的这栋粮仓的杉木被白蚁蛀了，1981年分田到户的时候我怕它会倒，就把上面一层拆了，那些石头、瓦片、杉木都拿去卖了。吴祥发买了杉木办酒厂。

到1999年罗来有当村长时，在现在会堂那里加了两层上去，楼下重新装修过。

另外一座粮仓后来也出售了，本地村民没有人愿意买，就以几千块的价钱卖给了代耕农郑秋相，他用来出租。

何沛良：

现在的村办公室原来是粮仓，粮仓分两层，顶层是会堂，盖瓦。1969年修会堂的时候，我刚出来做泥仔小工。会堂面积够大，三灶公社的党员大会也曾在那里开。分田到户的时候，生产队很多房屋都用来做投标，牛栏、猪栏、学校都卖出去了。

粮仓上面会堂那一层拆了，拆下来的瓦、砖、桁等材料和部件用来建了酒厂。

后来罗来有做村长，重建了粮仓的上一层，用来做老年活动中心。

李富平：

1984年我当队长的时候，村民自发筹建圣母庙。圣母庙面积不大，只有10多平方米。现在这座庙是1999年罗来有当村长时重修的。

何沛良：

（1）圣母庙。

最初的圣母庙不在现在的位置，而在凉亭的后面。走日本仔时期，圣母庙被毁掉了。（20世纪）80年代村民捐款修圣母庙，在凉亭上来一点儿的位置上修了一间很小的庙。

（20世纪）80年代末90年代初，我叔从澳门街回来，看见这么大的村子只有一间小小的庙，觉得不像样，就动员村里的人捐款修庙。他和村长罗来有谈，罗村长很乐意，但是修庙的钱不能从村委出。

于是我叔号召在澳门街、香港的同胞，还有承包大围田地的外来人捐钱。如果不是他，我相信圣母庙到现在也修不起来。

当时村子里也有些人有不同意见。有的人说："我没钱喔，你要我捐钱？"有的人说："唉，你回来搞搞震（添乱、捣乱）。"

现在的圣母庙是1992—1993年修起来的。

（2）淡水河闸。

5月份水淡，放咸水进来泡一泡田，冲一冲禾苗，相当于下一次有机质磷肥。

（编辑整理：何斯华）

七、1949—1979年的一些人物和事件

【精彩语录】

生产队集体派人打鱼：

"1961年，罗添福和村里的几位村民（差不多10个人），包括何华林的大哥和吴华发在内，一起被派往海澄打鱼。"

"他们打鱼卖的钱都需要上交给生产队，生产队再根据他们的收入给他们每个人记工分。"

"有时候没有卖完的鱼他们也要拿回去给生产队，生产队会把这些鱼分发给村民。"

关于国家统购家畜和家禽：

"每家每户都会分到饲养家畜家禽的任务，要养猪、养鸡鸭，只有完成三灶供销社的这些任务才能拿到对应的粮票。"

"村民在完成规定任务之外，多出来的家畜家禽可以高价卖

给供销社。"

关于鱼林水域：

"以前去珠海市区和澳门都是坐船去的，从鱼林出发要经过大门角到东咀的水道。"

"现在大门角的海域已经被填了，这也就是村民所说的'息海'。"

关于大围边和龙塘土地的往事：

"相对而言，大围边的地很少，龙塘则有 500 多亩地。政府进行土地预征（当时鱼林村在榄坑的位置，后来迁到大围边，最后才迁到现在的位置），将土地做了划分。"

关于吴祥发的个人经历：

"从 20 世纪 60 年代到 90 年代，吴祥发一直是生产队、大队、村的干部。……1986 年鱼林乡改为鱼林村，任村民委员会主任。"

关于何华林的生活经历和家庭故事：

"我有 6 个兄弟姐妹，其中 3 个现在在香港。留在珠海的有 3 个：一个哥哥（何国雄的爸爸）、一个姐姐（嫁到鱼弄），还有我自己。"

"我老豆以前行船到过苏联，开的是那种烧煤的船。"

"老豆死后我们过得很辛苦，当时兄弟姐妹们都还未成年。……很多事情只能靠自己，受了很多苦。"

关于罗添福的一些个人经历：

"1958 年，鱼林有 3 个大饭堂，分别位于卫国村、榄坑村、横石基村。当时我负责位于卫国村的那个大饭堂。"

"1959 年，我做了龙塘的副队长兼民兵连长，同时管理副业和粮仓。当时是吴太龙做队长，吴楚芳做记分员。"

1. 集体生活回忆——打鱼、家庭养殖任务和肉票

1961 年，罗添福和村里的几位村民（差不多 10 个人），包

括何华林的大哥和吴华发在内,一起被派往海澄打鱼。当时,他们有两条船,每条船上有四五位村民。有一位船长是花钱雇来的,是海澄人。船长负责教他们打鱼和开船掌舵。他们每天三四点就起来,吃完早餐,5点左右就开始出海打鱼,一直到中午才回去吃午餐。

外出打鱼时,他们一般会在海澄住一晚。在第二天打好鱼之后,会有很多人到海边收购,有的是国营的水产批发市场的,他们拿了鱼之后会拿去卖,有一些是私人过去收购的。

他们打鱼卖的钱都需要上交给生产队,生产队再根据他们的收入给他们每个人记工分。有时候,没有卖完的鱼他们也要拿回去给生产队,生产队会把这些鱼分发给村民。三灶镇那时候有一个国营的水产批发市场,他们那边会派人来收购村民打的鱼;然后他们把收取的鱼批发给一些个体,个体再拿去各个村庄卖。

在集体生活的时代,每家每户买粮食都要用粮票才能买到。每家每户都会分到饲养家畜家禽的任务,要养猪、养鸡鸭,只有完成三灶供销社的这些任务才能拿到对应的粮票。村民在完成规定任务之外,多出来的家畜家禽可以高价卖给供销社。

之前如果有人杀猪,他们会把猪肉拿去卖掉,然后再拿一斤免费的猪肉回来酬神,酬神之后就拿来吃。但是,如果在此之外再去买猪肉就要用肉票才能够买到。在那个时候,一般一个月才能吃一次猪肉。

相比猪肉而言,海鲜就没有那么金贵了。若要吃海鲜,村民可以自己出海打,而过去海鲜卖出去的价格也比猪肉等便宜很多。

2. 鱼林水域

据罗添福所说,以前去珠海市区和澳门都是坐船去的,从鱼林出发要经过大门角到东咀的水道。大门角因为其海域两边的山组成了一个门口的样子,所以叫大门角。

从前大门角到东咀的水道位于目前三灶岛和大陆接壤的地方。现在大门角的海域已经被填了,这也就是村民所说的"息海"。

罗添福认为后来的陆路要比以前的海路方便,因为以前要有船才能到的地方,现在走路就可以去。

3. 大围边和龙塘土地的往事

以前龙塘在大围边那里有地,大围边在龙塘这里也有一些地,土地规划很混乱。相对而言,大围边的地很少,龙塘则有500多亩地。政府进行土地预征(当时鱼林村在榄坑的位置,后来迁到大围边,最后才迁到现在的位置),将土地做了划分。现在龙塘苑前面那片在建的地方,一开始一部分是大围边的地,一部分是龙塘的地,土地调整之后就都是大围边的了。

4. 村集体分红和个人保障

2014年的时候,罗添福购买了老人保险,即城市老人保险,现在一个月能够拿到700多块钱。但是有些老人买了社保(一次性买够35000元),现在一个月可以拿到1000元左右的费用,比老人保险多200来块。

村里是从2000年开始派发生活费的,每个村民每个月都可以拿到30元的生活费,老人还可以额外拿50元。乡里每年都会给大家购买保险,但据罗添福说并没有什么用。

5. 吴祥发的个人经历

从20世纪60年代到90年代,吴祥发一直是生产队、大队、村的干部。

1945年出生,小学是在村里读的,1964年初中毕业。中学在三灶中学读,那个时候三灶中学还没改名字,后来改名为永红中学。初中毕业之后就到生产队做社员兼出纳,做了3年。1964

年又兼任大队的民兵副营长，1965年任鱼林大队的副大队长兼民兵营长。

1966—1968年以当地干部的身份被抽调到三灶公社加入"清队"（清理阶级队伍）。"清队"由派出所民警、解放军和当地干部组成，主要任务是搞专案，审问"阶级敌人"；打倒"走资派""当权派""五类分子""右派分子"。当时揪斗过本大队的书记。

1968年离开"清队"之后，仍然回鱼林大队当大队长。大队长是"脱产"干部，经常到各生产队检查、指导工作。

1976年去小林公社接受一年的路线教育。这是培养干部的，可以算是当"政治学徒"。同年入党。接受教育之后原本有机会留在公社当干部，但是听从大队书记的安排，回大队继续做大队长。大队长主要的职责是管理农业和搞经济。

1980年之前，大队干部的工资是算工分的，由各生产队抽钱到大队去分配。

1980年之后，大队干部的工资就要靠大队自己挣了（办企业）。

1984年鱼林大队改为鱼林乡，任乡长。

1986年鱼林乡改为鱼林村，任村民委员会主任。

6. 何华林的家庭及个人经历

何华林：

我有6个兄弟姐妹，其中3个现在在香港。留在珠海的有3个：一个哥哥（何国雄的爸爸）、一个姐姐（嫁到鱼弄），还有我自己。

我五六岁的时候就没了老豆，那个时候还没开始"土改"。我老豆当了村里的会计，他的上一任说他贪污，我老豆害怕就躲到山里去了。那时候我姐姐10岁，偷偷去给我老豆送饭。

我老豆以前行船到过苏联，开的是那种烧煤的船，行船回来之后就娶了我妈妈。

老豆死后我们过得很辛苦,当时兄弟姐妹们都还未成年。村里其他人都有老豆,只有我们没有。很多事情只能靠自己,受了很多苦。成年后干过很多工作,如行船到澳门做生意,但都没赚到什么钱。尽管自己有贸易证,但是因为没有纳税,所以很多东西过边防的时候都被没收了。

(万向东、吴萍访谈,吴萍记录整理)

7. 罗添福的个人经历

罗添福的祖先是中山石岐人,有一个分支先是迁到莲塘,然后再迁到鱼弄。罗添福家1949年从中山石岐迁到龙塘村,他们是坐船过来的,一直到现在都在龙塘村生活。罗添福的父亲活到100岁,于2000年过世,母亲在他8岁的时候就已经过世。

罗添福:

我1955年下半年出来工作。

1958年,鱼林有3个大饭堂,分别位于卫国村、榄坑村、横石基村。当时我负责位于卫国村的那个大饭堂,饭堂负责龙塘和卫国村村民的饮食。当时龙塘有300多个人吃饭,卫国有100来人吃饭。

同年我兼任龙塘的民兵连长。因为结婚,管了一年大饭堂后我就回龙塘了。

1959年,我做了龙塘的副队长兼民兵连长,同时管理副业和粮仓。当时是吴太龙做队长,吴楚芳做记分员。我一天的工分按12个工分算,一年会补回两三百个工分。

1959—1960年"大跃进"时期,各地因为"报大数",没有足够的粮食吃,所以要从各个生产队抽谷,哪里有就去哪里拿。那个时候是没钱买,没菜买。猪肉都得用票去买。

在集体生活的时代，罗添福的妻子和另一个妇女负责看管生产队里的小孩。罗添福提到，当年那个妇女临时离开了工作岗位，导致很多小孩没有被管住，他们跑到一个茅寮里煨地瓜吃，结果烧掉了茅寮。那个妇女差点儿被抓去劳改，最后是吴华强的爸爸去做担保了，她才没事。

（万向东、吴萍访谈，吴萍记录整理）

第五章　从分田到户开始的改革年代

20世纪70年代末,中国开始实行改革开放。改革始于农村的分田到户——正式的说法是实行"联系产量承包到户"(简称"联产承包")政策。在新政策之下,红星村的农业生产效率得到提升,农户经营走向多样化。但农业基础设施的建设、管理与维护有所减弱。

由于劳动力短缺,为避免耕地荒芜,代耕农被引进。代耕农与本地村民共同为红星村的农业生产做出了贡献。

另外,"计划生育"这项基本国策,同样给家家户户带来了深刻的影响。

一、农业改革——土地联产承包责任制

【精彩语录】

"1981年村里开始尝试分田到户……新的一年(1983年),村民就开始自己种自己的田了。"

"没有劳动能力的老人和17岁以下的小孩,分一亩;18岁以上能劳动的就每人分两亩。"

"田地分为高产田、中高产田、中产田、中低产田、低产田。还要考虑早造的秧地,因为早造的秧地要铲地,连泥带秧一起铲的。"

"分田到户后,我们夫妻俩有8亩水田、5亩蔗地、1亩多花生地,每年要交2200斤左右的余粮,很辛苦。"

"我们两公婆分了6亩田。6亩田是分开的,这里5分,那

珠海红星村口述史
——一个南海边陲工业化村庄的变迁

里8分。当时山地都不要了,做不了,丢荒了。大集体的时候才会耕山地,不算成本,无论如何都要耕,亏本也要耕。"

"除了分耕地,还要分耕牛、猪栏、牛栏、犁耙……工作量非常大。"

"大集体的时候,很多是出勤不出力。……分田到户后,本来是两天的工作,一天就做完了。……人们变得很勤快,村里的经济也回升了。"

"农闲的时候我还是会去做木工。……1982年开始,我做木工的工钱就是自己的收入,不用上交给生产队了。"

"分田到户后的第三年、第四年产量开始下降,到第五年、第六年产量只有400~500斤。"

"(20世纪)80年代初修房子和分田到户有关。集体解散了,只要你有钱,就可以在集体地上面建房子。……就算没钱建房子,把地围起来种菜,那个地方也就是个人的了。"

"1983年前后我建了这间房子,最有特色的就是用了'石米'。"

"通过建筑的外形、用材,就可以判断它是什么年代修建的。"

"现在看到的村子里的石米屋都是80年代初期建的,80年代后期开始流行贴瓷砖,2000年后外墙砖是青砖、红砖的款式。"

"分田到户之后开始有厂工可以做了,那时只有毛织厂、制衣厂。"

"后来田被集体收回去,填了,只剩下一两亩田。我的那块田被划为住宅地,用来建房子,按一个人20平方米计算。"

"我从1985年到1988年在糖厂做事,榨季的时候在车间做季节工。"

"糖厂本身的职工不多,只有两三百人。榨糖的时候,全部员工有五六千人。当时每日处理的甘蔗量是3000多吨,这是

1986年的时候。"

"收甘蔗的范围是整个珠海,但不包括农场,因为农场有独立的糖厂。如红旗农场、平沙农场,当时属于华侨农场。"

"我们村的甘蔗地有几百亩。收甘蔗的时候糖厂会派船来……就要准备好甘蔗,放好在码头。船一来到,就要装上船。提前一两天,整条村的村民都参与收割甘蔗。"

"收了甘蔗之后,糖厂会折算钱给村里,但是钱很少,大概是120块钱一吨。……亩产是三四吨。榨出来的糖,有一部分由国家收购。有个糖办,按国家的收购价收购。"

"全市每年开榨前都有个定价和估产,会有人来砍些甘蔗回去化验糖分,然后估产。"

"码头就在甘蔗地边上,一条村一个码头。现在糖厂没有了,一九九几年的时候就已经撤销了。"

吴楚芳:

1982年年底分田到户,1983年正式自己耕。生产队的土地一块一块编好号,抽签,抽到几号的签,就拿几号的地。

李富平:

1981年村里开始尝试分田到户,由两个村委来分,分了半天都搞不定。当时我在南水,老村长吴楚芳叫我回来:"你一定要回来协助工作。"

1982年我被选为生产队队长,分田到户交由我来办。当时全村有500多亩水稻田、100多亩甘蔗地、100多亩山地。我请村里两个刚高中毕业的年轻人帮忙拿丈竹去量地,我来算账,当时是用算盘算的。

分田到户是这样分的:没有劳动能力的老人和17岁以下的小孩,分一亩;18岁以上能劳动的就每人分两亩。

分田不是一次性就能完成的,田地分为高产田、中高产田、中产田、中低产田、低产田。还要考虑早造的秧地，因为早造的秧地要铲地，连泥带秧一起铲的，还有晚造的时候要打秧，是用手打上来的，这也要考虑。

除了分耕地，还要分耕牛、猪栏、牛栏、犁耙……工作量非常大。分田的时候刚好农历十月，全部稻谷都收回来了，到来年正月我把全部田都分下去了。新的一年（1983年），村民就开始自己种自己的田了。

何沛良：

（20世纪）80年代初修房子和分田到户有关，集体解散了，只要你有钱，就可以在集体地上面建房子。村里的猪栏、牛栏全都分给个人，牛栏不让拆，猪栏可以拆，拆了以后集体地就没有了。五抢六夺，只要有钱建房子就能把地给占了。就算没钱建房子，把地围起来种菜，那个地方也就是个人的了。所以不搞集体了，哪个人辛勤开垦，哪块地就是他的了。

分田到户后，人的积极性被调动起来，农业生产效率得到了提升，与此同时，缺乏劳动力的农户面临着生产的困难。在新的形势之下，村民探索着自我经营的出路。

李富平：

田分下去之后，整个村的面貌就不同了。

大集体的时候，很多是出勤不出力，比如说，派你去干活，本来这个工作3个人能做完，那时七八个人也做不完。分田到户后，本来是两天的工作，一天就做完了。

甘蔗以前长得高高瘦瘦的，生产队撒肥，把肥给村民，他们不是一行一行去撒，而是随便丢在那里，反正别人看不见。有些甘蔗就没有撒到肥料，有些又被肥料淹死。分田到户后，肥料撒得均匀，甘蔗长得好。

甘蔗是这样,水稻也是这样。各户都积肥,挑到农田撒下去,稻田有虫也能及时发现并杀虫。他们把稻谷收回来后就着手锄地,种马铃薯,种番薯。

人们变得很勤快,村里的经济也回升了。之前单造产量是600斤一亩地,后来变成800斤以上,最好的超过了1000斤。村里有多余的粮食可以卖出去,人们又能吃得饱。

何沛良:

分田到户后,我们夫妻俩有8亩水田、5亩蔗地、1亩多花生地,每年要交2200斤左右的余粮,很辛苦。农闲的时候我还是会去做木工。

分田到户后的第三年、第四年余粮的价格由原来的10元涨到16元、18元。我和几个朋友闲聊,说粮食将会开放议价,你想开什么价,对方出得起的话就能成交,不再是国家限制的18元、22元。朋友不相信会开放议价。没过几年,果然有了议价。

分田到户后的第三年、第四年产量开始下降,到第五年、第六年产量只有400～500斤。如果说分田激发了人的积极性,那脱离了大集体就没有分配,单靠农田赚不了钱,所以自己就要积极去赚钱。

工分制持续实行到1981年。1982年开始,我做木工的工钱就是自己的收入,不用上交给生产队了。分田到户后市场需求变化很大,组合柜作为新生事物兴起了。我试着做了一个组合柜,别人看到说"你的更靓",于是口碑相传,我就有生意了。用现在的话说,就是要与时俱进。

那时赚了一点儿钱,1983年前后我建了这间房子,最有特色的就是用了"石米"。现在看到的村子里的石米屋都是(20世纪)80年代初期建的,80年代后期开始流行贴瓷砖,2000年后外墙砖是青砖、红砖的款式。

通过建筑的外形、用材,就可以判断它是什么年代修建的。

珠海红星村口述史
——一个南海边陲工业化村庄的变迁

李锦月：

1982年12月分田，我们家分了7亩田，包括小孩子的。我婆婆、我们两公婆、我小姑子，4个大人，每个人1.5亩，细蚊仔（小孩子）就5分田。刚好7亩田。7亩田就有一头牛。要耕田，又要看牛，很辛苦。后来不耕田了，就把牛卖给耕田的人。

陆瑞文：

我们两公婆分了6亩田。6亩田是分开的，这里5分，那里8分。当时山地都不要了，做不了，丢荒了。大集体的时候才会耕山地，不算成本，无论如何都要耕，亏本也要耕。那么远，你算一下成本，种出来的花生也没的赚啦。

我们两公婆就只耕6亩田，没有做其他事情。种的稻谷能换的钱很少，一开始是100斤换9.8元，第二年逐渐提价，生活就基本能应付。分田到户之后就自给自足。

我耕田耕到1986年，差不多到（20世纪）90年代，我的田就请别人来耕。第二个孩子出生之后就不耕田了，自己去找工作，搞建筑。

曾彩群：

我们村应该是1982年第一次分田到户，家家户户都说愁死了，那么多田怎么耕呢？村下面有80多亩，西围有70多亩，新围有90多亩，大桓口有70亩。

一个人好像是2亩地，我们家当时3口人，分了7亩多的田，我的大儿子也分到了田。当年还有牛，我们还要看牛。有的田耕不来，就丢荒了。

另外，我的小叔子腿脚不好，我们还要帮他插田、割禾。他有两个小孩，共有4亩多的田。

我们有一块蔗园，加上一个大地塘（种甘蔗的地方），又有1亩，也就是联邦药厂的那一块地。甘蔗地那时一人7分地或1

亩地，我们分得了 1 亩多。

下雨的时候砍蔗很冷，现在提起来都害怕。我们把蔗担去码头过秤，糖厂有船来又要担上船。

通常年尾 11 月开始砍蔗，砍到第二年 2 月。不同的村轮着砍蔗。他们说"明天有船来"，那这天我们就要砍蔗，不够的话第二天还要继续砍。

分田到户之后开始有厂工可以做了，那时只有毛织厂、制衣厂。我没有打过厂工。我做妹仔的时候都没去过外面。

后来田被集体收回去，填了，只剩下一两亩田。我的那块田被划为住宅地，用来建房子，按一个人 20 平方米计算，4 个人就是 80 平方米，那块地就被拉好线，一个人一块。

甘蔗是广东沿海地区一种重要的糖料作物。除了以上提及的甘蔗田分配到户与种植的情况，何国荣还回忆了随父亲在糖厂工作期间，收割甘蔗、榨糖的情况。

何国荣：

我从 1985 年到 1988 年在糖厂做事，榨季的时候在车间做季节工，有空的时候就帮我爸管一下账。

季节工的主要工作就是榨糖。我们镇去做季节工的只有 3 个人，都是在蔗站工作的人的家属。季节工还是以斗门人为主。

榨季一般是每年的 10 月中旬到第二年的 3 月，都是跨年度的。榨季的时候，三灶镇这边就安排我爸爸去糖厂工作，管三灶这边的甘蔗收割、计量等工作。所有甘蔗运到糖厂都要在那边过地磅，爸爸就在那边负责磅秤和结算。

糖厂当时是国营的，在斗门百蕉，叫斗门百蕉糖厂。其他时间就留下职工进行机器维护。糖厂本身的职工不多，只有两三百人。榨糖的时候，全部员工有五六千人。当时每日处理的甘蔗量是 3000 多吨，这是 1986 年的时候。到了 1988 年的时候，每日

珠海红星村口述史
——一个南海边陲工业化村庄的变迁

处理的甘蔗量是7000多吨。当时,收甘蔗的范围是整个珠海,但不包括农场,因为农场有独立的糖厂。如红旗农场、平沙农场,当时属于华侨农场。

榨季结束后,爸爸就回到镇里甘蔗站,负责甘蔗地的面积统计和甘蔗种植情况的总结。厂里面有一个农户局,专门有大学生研究甘蔗种植,爸爸要配合他们的研究,提供样本之类的。

我们村的甘蔗地有几百亩。收甘蔗的时候糖厂会派船来,如果15日安排船过来这边装甘蔗,那村民14日之前就要准备好甘蔗,放好在码头。船一来到,就要装上船。提前一两天,整条村的村民都参与收割甘蔗。

收了甘蔗之后,糖厂会折算钱给村里,但是钱很少,大概是120块钱一吨。但只有我们这里才是120块钱一吨,因为我们这里属于香洲区,是特区,有特区补贴,比斗门高了60块钱一吨。那时的亩产是三四吨。

榨出来的糖,有一部分由国家收购。有个糖办,按国家的收购价收购,收了糖之后有一个差价补回来。糖厂只负责加工,加工完了之后,每年分一些给生产队。糖办收完之后,多余的就留给村自己处理,有点儿像公余粮的性质。

全市每年开榨前都有个定价和估产,会有人来砍些甘蔗回去化验糖分,然后估产。码头就在甘蔗地边上,一条村一个码头。

现在糖厂没有了,一九九几年的时候就已经撤销了。那时就没有种甘蔗了,因为制糖的经济价值很低,所以甘蔗地都转营了。这间糖厂一九六几年的时候就已经有了,我还是细蚊仔(小孩子)的时候,我老爸已经在糖厂做事了,一直做到糖厂撤销。当时的榨糖量很少,糖厂都是用人工来运甘蔗,后来就全部用大吊机。

二、20世纪80年代的经济和土地测量

【精彩语录】

"当时大部分人留在家种田,出去的人不多。"

"1989年年底……代表鱼林乡政府负责去澳门的贸易船的对外贸易管理,从澳门进口布料、饮料和木头等。"

"木头来自那些制造大船的边角料,我们买回来再转售出去,桌子、柜子就是用这些边角料造的。"

"我们也会将本地种的瓜菜运到澳门卖,如西瓜、冬瓜等,还有对虾。当时鱼林乡有700亩养殖对虾的农场。"

"(20世纪)90年代前后有一段时间,龙塘的蔬菜种植发展得比较好,有蔬菜基地。……其中'龙塘西洋菜'长得嫩、口感好,在三灶名声比较响亮。"

"改革开放之后我养了13年鸭,还养猪,种菜。西瓜我也种过,什么都种过。"

"政府的人来量地时很乱。……那时候定下来,现在就没的争了。"

"后面越来越规范化,什么都问:'你的证明文件呢?拿不出来就不是你的了。'"

"当年写了我老爸的名字。如果写的是年轻人的名字,现在就不用那么麻烦去公证处做公证了。办公证好难,我办到怕。"

"国土局大概在1988—1989年用卫星勘测绘制红线图,划分了宅基地(8万5000多平方米)、草地(原来的耕地填了土分给村民)。"

"联邦制药厂的地,是将鱼林的160亩套到那里去,成为(非农生产)建设用地。其余的几百亩就被政府征收了,现在属于政府。"

李富平：

当时大部分人留在家种田，出去的人不多。1979年珠海大开发，过了几年，大概到1983年村里有几户人迁到珠海。户口迁出去再想迁回来就很难了。

1982—1984年我被选为队长。以前年年选举，一人一票。1984年年底，我到鱼林乡担任报账员（即出纳），当时的乡政府在现在卫国村的街边上。

1988—1989年我还负责报关。后来实在兼任不了这么多的职务，1989年年底我就辞去了报关员的工作，只负责外贸船的管理，代表鱼林乡政府负责去澳门的贸易船的对外贸易管理，从澳门进口布料、饮料和木头等。有便宜的东西就会进口回来。木头来自那些制造大船的边角料，我们买回来再转售出去，桌子、柜子就是用这些边角料造的。我们也会将本地种的瓜菜运到澳门卖，如西瓜、冬瓜等，还有对虾。当时鱼林乡有700亩养殖对虾的农场。

王定一：

红星村这个地方的农业一直以来都很不错，土地肥沃，水源有保证。村后面有一个响水坑，在清朝同治年间还是"三灶八景"之一，现在可能变成了水库。（20世纪）90年代前后有一段时间，龙塘的蔬菜种植业发展得比较好，有蔬菜基地。村民很勤劳，种菜很有办法，其中"龙塘西洋菜"长得嫩、口感好，在三灶名声比较响亮。

吴华发：

改革开放之后我养了13年鸭，还养猪、种菜。西瓜我也种过，什么都种过。一年养五六千只鸭，我自己一个人管，儿子、女儿放学回来帮一下忙。辛苦是辛苦，但是有的做就有的吃。养鸭经济比很多人都好。种一亩田，一年的收入才多少？以前12

块钱100斤谷,一亩田一年就大概1500斤谷,才一两百块钱。我拿那些谷喂鸭子,养大拿去卖了都不止一两百块钱。

1996年之后我开果园,种荔枝、龙眼。后来不做了,丢荒了。政府征收走一部分,剩下的就让它丢荒了。40亩地我一个人做了7年,当时儿女他们自己找生意做,我做我自己的。

王定一：
因为三灶土地比较欠缺、比较宝贵,有一段时间就种果树。他们的荔枝现在不行了,品种口感比较老,都是老树。后来没有土地了,他们也种不了了。

关于土地的使用,何沛良还记得国土单位的人员来村里丈量土地、登记办证的情景。土地的丈量由最初的混乱变得越来越规范,为后来的土地确权打下了初步的基础。

何沛良：
政府的人来量地时很乱。有的村民说："那个地方是我以前养猪的,是我叠柴的,可以帮我量了吗?"当时正是夏收夏种的农忙时节,如果家里的人都到田里做工了,那量了土地我们也不知道。如果当时有人在家,说"那块空地是我的",顺手就让他量了,那不就归到自家名下了?那时候定下来,现在就没的争了。

后面越来越规范化,什么都问："你的证明文件呢?拿不出来就不是你的了。""写谁的名字?"当年写了我老爸的名字。如果写的是年轻人的名字,现在就不用那么麻烦去公证处做公证了。办公证好难,我办到怕。我老爸有两个儿子,刚好也建了两间房子,现在"众爱厨房"隔壁的那一间是我大哥的,"众爱厨房"是我叔叔的房子,他交给我打理。

李富平：

国土局大概在 1988—1989 年用卫星勘测绘制红线图，划分了宅基地（8 万 5000 多平方米）、草地（原来的耕地填了土分给村民）。当时国土部门移调（用地）指标，因为其他地方的建设用地不够，就将旧村场缩小，把它 8000 多平方米的地划为老地、草地①。

联邦制药厂的地，是将鱼林的 160 亩套到那里去，成为（非农生产）建设用地的。其余的几百亩就被政府征收了，现在属于政府。现在联邦制药厂用地 500 亩，其中有 100 亩是红星的，60 亩是前锋的（按：联邦制药厂进驻的故事，会在第六章展开）。那 160 亩是拟征的，当时属于鱼林的租地，租给联邦制药厂，签了 50 年的合同。后来联邦制药厂上市，以租代征。

三、代耕农的故事

【精彩语录】

"1986 年代耕农过来……在这边买了地建房子。那时候改革开放了，这里有地耕，他们就过来了。三灶每条村都有代耕农。"

"他们来自丰顺、梅县。一开始他们是到东升村种地，种了两年后才到我们村。分田到户后，村里的个别家庭没有劳动力，于是请代耕农来种他们的地。"

"一些村民远一点儿的田地也不种了，就整片包给代耕农。"

"当时我就是抱着思想要跟新潮流走的态度，奔向了珠海特区……进入三灶镇鱼林大队红星村、东升村承包农田。"

---

① 旧村场属于建设用地，一个地区（市、镇、村）的建设用地是有比例限制，有指标的。如果面积太大，就占用了整个地区的建设用地指标。如果将旧村场的部分土地调整为老地、草地，就可以减少建设用地规模，在其他需要的地方扩大建设用地面积了。

"现在我可以自豪地说：三灶镇的红星村和东升村，是我人生的第二故乡。我希望我们的后代可以更加努力，为国家、为集体、为村落的发展和建设做出更大的贡献。"

"最后我们5户人家一起来到东升村。从家里带过来的有4头耕牛、1头母猪、一些鸡和犁耙，什么都带过来。"

"我们来到三灶甘蔗地码头，当时刚好退潮，只好把牛推到河里去，让它自己爬上来。我们叫村长让本地的年轻人帮我们抬东西进村。"

"1984年冬天我们进红星村，要解决住的问题。……他们把地塘球场边的公家仓库卖给了我。我不够钱，就去信用社贷款。"

"我们从1985年开始种红星村的地。加上东升村的地，5户人家耕了60多亩地。我和我老婆耕20多亩，不包括甘蔗地和花生地。甘蔗地有40多亩。"

"从1983年开始，很大一部分人以我的名义来到三灶耕田。……同样的人工这里能种5亩地，在家里种1亩都不行。"

"甘蔗地是咸水地，本地人的甘蔗地地势比较高，比较低的地就分给我们。……我们的田有的很深，有的很浅，产量就不稳定了。但是既来之则安之，要安下心来创造条件。"

"但尽管辛苦，我们几户人家还是乐呵呵的。因为在老家连饭都很难吃饱，来到这里，三餐米饭都有，自己抓的鱼虾大把吃。"

"后来种的菜很靓，西红柿那么大一个，包菜也很大，菜花很靓。可是菜种出来在三灶没市场。"

"等我们干得比较好的时候，就有个别人对我们冷眼相看，说我们闲话。多亏其他群众和干部都能体谅我们的辛苦，所以我们才能立足至今。"

"最早到红星村的4户人家1990年开始分散，有两户去了红旗，有一户去了斗门白蕉，只剩下我一户。"

"1987年我们在老家割了早稻，就和另外两户花了870元包一台大货车，人和家当一起过来红星村。"

"我们老家一条行政村1000多人，有39户人来到三灶。"

"耕十几亩地没有牛是不行的，所以每一户都养了一头牛。当年一头牛要六七百元，再加上一套农具——犁、耙、薄膜等，加起来要投入几千块钱。"

"我们外地人的学费很高，比本地人的高出十几倍，包括借读费、建校费等。"

"家乡有句古话：'穷人莫断猪，富人莫断书。'"

"在2015年禁养之前，鱼林有很多养猪户，猪的存栏量超过一万头，几十亩地全变成猪栏。"

"身为一名共产党员，这也是我应该尽的义务，我无愧于党对我的培养。可以这样说，虽然我只是一名普普通通的党员，但我对得起党，对得起人民，对得起家庭。我们家的小孩也都是遵纪守法的。"

在20世纪80年代改革开放浪潮的影响下，国内流动人口数量逐年增加。有一群人离开了内陆山区的家乡，来到三灶红星村替人种田。这群人被称为"代耕农"。他们的到来避免了大量耕地的丢荒，促进了本地农业的发展。

吴楚芳：

1986年代耕农过来（按：最早一批代耕农是在1983年年底来到三灶鱼林大队的），在这边买了地建房子。那时候改革开放了，这里有地耕，他们就过来。三灶每条村都有代耕农。我们村的主要是从丰顺过来的，从梅县过来的也有。

李富平：

最早的一批代耕农是1984年搬到村子里来的，他们来自丰顺、梅县。一开始他们是到东升村种地，种了两年后才到我们村。分田到户后，村里的个别家庭没有劳动力，于是请代耕农来种他们的地。过了好几年，一些村民远一点儿的田地也不种了，就整片包给代耕农。

在代耕农中，郑秋相是最早到红星村代耕的。他来自梅县，20世纪60年代曾在三灶附近的红旗农场当兵，复员后回老家任村干部。郑秋相1983年举家迁入鱼林，开始了代耕生涯。经过他的牵线，一批批梅县人来到鱼林代耕。下面我们来听听这位第一代代耕农的故事。

郑秋相：

（1）选点与迁移。

自（20世纪）80年代初告别了大集体生活，我们迎来了一个新兴发展的改革开放时期。在国家领导人邓小平的英明决策下，政府决定搞两大特区（深圳市、珠海市）试验田，引进外资和人才，对内地的口号是，让一部分人先富裕起来，把农村剩余劳动力引入两个新兴城市，大搞经济开放，促进劳动力自由流动，为建设新兴的城市做贡献。

当时我就是抱着思想要跟新潮流走的态度，奔向了珠海特区。自己来时因为经济条件欠佳，所以进入三灶镇鱼林大队红星村、东升村承包农田。

我在这几十年的奋斗中的确尝遍了甜酸苦辣，但最后困难都被我们战胜了。现在我可以自豪地说：三灶镇的红星村和东升村，是我人生的第二故乡。我希望我们的后代可以更加努力，为国家、为集体、为村落的发展和建设做出更大的贡献，为实现国家和个人的梦想继续奋斗。

我打听到三灶有田耕，是珠海市农业局批下来给外地人耕种的，可以给外地人入户口，只要交完公粮和余粮就行了。本地人耕不了那么多，丢荒了。譬如，你村里有10亩地，5亩地丢了荒，那5亩地的公余粮还是需要在10亩地里分担。当时东升村有30多亩地在路边，距离学校和住宅都很近。

我自己先落实好情况，1983年冬天再带老婆、孩子过来。原本只打算自己一家过来，但我的妹妹跟我说："大哥，我们跟着你去。"弟弟的小舅也是山区人，他说："我也跟着你去。"

最后我们5户人家一起来到东升村。从家里带过来的有4头耕牛、1头母猪、一些鸡和犁耙，什么都带过来，没有的也在老家买，因为老家的价钱比较便宜。

从家里到广州就要两天，以前的路是沙路，很烂，路面上有一个个坑。从广州到井岸、斗门，再进三灶，汽车要过5个渡口，需要几天时间。

我们来到三灶甘蔗地码头，当时刚好退潮，只好把牛推到河里去，让它自己爬上来。我们叫村长让本地的年轻人帮我们抬东西进村。

（2）落脚东升村、红星村。

我们在东升村认领了40多亩地，三四户人家一起耕。在东升种了半年地，红星村的村长吴楚芳要我耕他们的地。红星村1981年分田，到了1984年又重新分田，村里有50多亩地分田到户后没有人要，它们是水比较深、产量比较低的围田。

我说我耕不了那么多，我就叫其他人来耕，村里同意了。当时我和我老婆已经在东升村耕了10多亩地，加上红星村的，两人就要耕20多亩地，还有十几亩甘蔗地、几亩种花生的山地。吴楚芳来找我谈，我就听他的去红星村。我们来东升村的5户人家，有4户进了红星村，还有1户留在东升村。

珠海农业局定下的东升村的三角围田有16亩多，在国家不征收的前提下，永远给我们耕种。一户是我妹妹家，一户是我二弟的小舅家，一户是我堂弟家，还有一户是我堂叔家。

1984年冬天我们进红星村，要解决住的问题。红星没有免费提供住宿，可以租房或者买房，当时三灶还没有开发，买房子比较划得来。他们把地塘球场边的公家仓库卖给了我。我不够钱,就去信用社贷款。当年买房是签合同的,还没有房产使用证。房产使用证是1990—1991年才有的。

仓库有5间房子,住了3户人家——我们一家、我妹妹一家和我二弟的小舅一家。还有一户人家(刘国英)住在天福隔壁的房子。

我们从1985年开始种红星村的地。加上东升村的地,5户人家耕了60多亩地。我和我老婆耕20多亩,不包括甘蔗地和花生地。甘蔗地有40多亩。

从1983年开始,很大一部分人以我的名义来到三灶耕田。因老家生存条件没那么好,老乡们听说这里的田多,就想过来种田。同样的人工这里能种5亩地,在家里种1亩都不行。家里的地这里5厘,那里1分,小小块的,东南西北都有,最小的就两三厘地。

刚来的时候,条件不好,天气炎热,白天辛苦,晚上难入睡,蚊虫又多,天气条件没有老家好,有些人又重回老家去了。

(3)代耕的经历。

1983年把合同定下来后第二年就来种了。我怎么种他们的田呢?我发现田里全是草,他们村发动社员把草翻过来,底朝上。我们一看,以为地很好,实际上是半荒地。

三角围的田会倒灌盐水上来(这些田后来被人承包种了果树),田面像生锈的锈水一样发红,特别是晚造时,地一返咸,秧苗就不长了,即使不死,产量也不高。叠弄的田也是低产量的田,蚂蟥一大堆。我想着来了就试一试,耕一两年不行的话再回去。结果在本村干部群众的帮助下,一耕就耕到征地为止。

当时我带了五六千块钱过来做农耕基金,不够的部分我向当地信用社贷款,用来买石灰。一亩地撒三四百斤石灰下去,再翻地。石灰是碱性的,可以中和酸性,这样盐水就返不上来了。第二个方法是,把东升村、红星村厕所的粪水全部倒到田里去。他

珠海红星村口述史
——一个南海边陲工业化村庄的变迁

们怕臭不要,我们要,天天挑。第一个半年,第一造亩产就有700多斤。

当地大队干部下来看:"哇,这个稻子真是靓啊!"干部吴庚强说:"你们在1949年'土改'时就应来耕这片地,你们耕产量高,我们耕产量低,一定是你们的田。"东升村和红星村的田,一亩地产600斤谷,上交给国家的公粮130斤,余粮280多斤。公粮是没有钱的,余粮一亩地200多斤14元①。我家20多亩地,一年上缴8000~9000斤公余粮。

一开始本地人看梅县人长得白白嫩嫩的,就说我们这帮人不是来种田的,以为我们不会种,乱弹琴。等看到我们的田产量高后,他们就说我们种田有经验,像个种田的农民伯。我们后来总结出经验:每年种田之前要先放石灰;施放土肥,尽量少放尿素,含氮量高的肥尽量少用。就这样解决了这16亩多田的"老大难"问题,使低产田变为高产田。

当年我们几户人家真的太辛苦了,当地群众看到我们的情况,很多人就来帮忙,我刚来的时候体重132斤,过了一年再称,只有98斤,感觉整个人都瘦下去了。(农历)六月我们整天都在地里干活,要割早稻,又要犁地,准备晚稻插秧。

以前晒谷场的地面有点儿鼓起来,下大雨时谷子就会流到沟里去。有的人贪心就会把谷子拿走。有的人好心说:"沟里的谷子是老郑他们的,你们不要动他们的谷子啊。"

以前的晒谷场,本村人有份,外来户是没份的。所以他们晒好谷子,我们就借他们的地坪晒谷子。工作太多、太忙,明知道下雨了也没有办法,天晴谷子就晒干,下雨谷子就淋湿,没功夫收,也没地方放。半夜回到家里,看哪些谷子干一点儿,我们就用风机吹干净,做到凌晨两三点。

我们的小孩也很争气,放学回来就帮家里做自己力所能及的

---

① 余粮的价格当时是稻谷100斤9元多,这里可能记忆有误。

事。他们有今天，就是因为他们小时候的辛苦付出。

甘蔗地是咸水地，本地人的甘蔗地地势比较高，比较低的地就分给我们。所以一亩地，本地人产一万多斤甘蔗，我们的地有五六千斤就不错了。水稻田也一样，本地人的田深度比较平衡，而我们的田有的很深，有的很浅，产量就不稳定了。但是既来之则安之，要安下心来创造条件。

有个人受不了苦，插秧插到哭。我和我老婆等几个人手脚比较快，做得比较多，坚持下来了。我们比本地人辛苦，但尽管辛苦，我们几户人家还是乐呵呵的。因为在老家连饭都很难吃饱，来到这里，三餐米饭都有，自己抓的鱼虾大把吃。我们个个都说值得，乐在其中。

刚来的时候，经济条件很差，连买食用油的钱都没有。我们就想把三角围五六亩比较高的地，挖沟降低水位，升高土位，改种经济作物，种菜。后来种的菜很靓，西红柿那么大一个，包菜也很大，菜花很靓。

可是菜种出来在三灶没市场，本地人家家户户都有菜，没人要。小学生上学路上到地里摘西红柿，我就说："摘摘摘，摘去吃。"

后来又把那块地挖平，重新插秧。牛踩到沟里，整头牛沉了下去。头3年土地还不实，很稀烂，牛走到沟里就会陷下去，真是麻烦。在这3年，又要负担公余粮，又要不断地整好田地。

刚来的时候很辛苦，本地很多人很关心我们，有的送衣服，有的送青菜，有点儿同情我们。可是等我们干得比较好的时候，就有个别人对我们冷眼相看，说我们闲话。多亏其他群众和干部都能体谅我们的辛苦，所以我们才能立足至今。

最早到红星村的4户人家1990年开始分散，有两户去了红旗，有一户去了斗门白蕉，只剩下我一户。这个过程中也陆陆续续来了很多人。我在家乡时本着党员的良心工作，威信比较高，同乡们看到我走，也跟着走。在鱼林代耕的人都是跟着我来的，现在还有几十户,他们勤劳发奋,过得都不差。有一部分人就开始讲良心话,说若不是跟我来这里耕田,至今还在大山区里辛苦。

(4) 与吴祥发的相识与合作。

吴祥发当鱼林大队大队长的时候,恰逢榄坑种了100多亩果树,需要肥料,所以找了我在果林旁边养猪,猪粪就作为果树的农家肥。

刘国英是郑秋相的同乡,听说红星村有田耕,于1987年带着家人来到红星村,如今已过去30多年。

刘国英:

(1) 迁移的原因与经过。

我1959年出生,老家在梅州市丰顺县。为什么会来红星村呢?当时体制下放,山区田少,一个人只分得几分地,种的田不够吃,还要买米。最早来这里耕田的老乡郑秋相曾在三灶的八一大堤当兵,复原回老家,做民兵营长。我家和老郑虽然不在同一条村,但挨得很近。我哥也当民兵营长,和他是朋友。我听老郑说这边有田耕,就打算和老婆、3个孩子一起过来。

我因经济压力,3户人家一同前去交通局办一份证明,人货混载。1987年我们在老家割了早稻,就和另外两户花了870元包一台大货车,人和家当一起过来红星村。从梅州到广州,经中山到斗门井岸,再到三灶,这条路线不用过检查站,落脚后到乡政府的治保会办理暂住证。

来到红星村,有不少需要适应的地方,一方面老家讲客家话,这里讲三灶话,语言沟通难。另外是气候,老家没这边热,这边靠着海,海风比较咸。出来一两年,我们再回老家,会被人问:"怎么样子老了这么多?"老家的人都白白净净的。搬来红星村到今年(2017年)已经30年了,其中一户(堂姐一家)现在住在新村的龙塘苑,另一户迁来几年后就搬到东莞了。

我们老家一条行政村1000多人，有39户人来到三灶。

（2）种水稻的情况。

来到红星村，我们先和鱼林村村委签订转让合同，期限是这样的：村里给村民的是15年期限，如果村民自己耕了3年，那转让给我们的就是12年。

第一户转给我们的是李振其（李富平的大哥），转了4亩水稻田、2亩甘蔗地。我们也租了他的那间大屋住。我和妻子后来又耕了阿昌等几户人的地，到了第三年变成12亩水稻田、4亩甘蔗地。

当年田就在家门口，现在的龙塘苑、联邦制药厂、三井厂都是耕地。但我的地不是连片的，这里1亩，那里8分，分成了七八片，最大的一片地1亩5分，劳动量大了很多。耕十几亩地没有牛是不行的，所以每一户都养了一头牛。当年一头牛要六七百元，再加上一套农具——犁、耙、薄膜等，加起来要投入几千块钱。

一般是清明时节插田。这里的耕地肥力比较高，土质也比较厚，一亩可以下十几斤的尿素。老家气温低，梯田的土质浅，容易发稻瘟病，肥料一次才下几斤，禾苗长不大，还会有野猪跑来偷吃，所以产量低，一亩才300多斤，不到这里的一半。不过说实话，来这里代耕的人种地的产量都不低，比本地人耕地的产量要高。

我们插田时禾苗的间距要疏一点儿，20多厘米插一棵，这样长出来的苗有手指那么粗，本地人插苗插得密，禾苗长不大。插田下一次肥，除了基础肥，我们会下更多的磷肥。除虫用水枪，水稻长大以后用喷雾器是不行的，它喷得没那么远。

5月份割禾，在地塘晒谷。下雨了来得及就收，来不及只好让谷淋着。7月份上交公粮①，因为家里还要住人，没有地方存

---

① 据何国荣回忆，当年是7月交早稻公粮，10月交晚稻公粮。

珠海红星村口述史
——一个南海边陲工业化村庄的变迁

放,我们这些人6月就全部交完了。我们用风车来吹谷,自己打包装,运去三灶粮站。交粮高峰期人多,上午去一次,轮不到你,下午还要再去一趟。以前检粮很严格,吹不干净的话粮站会让你全部重新吹过;有时碰上下雨天气,谷子发芽,不够干,粮站不收,又得运回来继续晒。

粮站个别职工不知农民辛苦,故意为难。那些人真是……来到这里耕田就像做牛。

除了有一年收割时刮台风,产量低一些,基本上每年的产量都是一亩田产800多斤谷,其中400多斤要交公余粮①,剩下400斤谷包含了自己的口粮以及耕种下一造的成本。公粮是没有钱的,余粮才有钱收。(20世纪)80年代余粮的收购价格是十几元到20元,100斤谷大概16元。拿到粮钱就要去买化肥、农药,没剩下多少钱。

(3) 种甘蔗及农闲务工。

红星村外面的围田种水稻种不了,只能种甘蔗。按人口分配,2亩水稻田配1亩甘蔗地,正旗的4亩水田差不多就是2亩甘蔗地。我们一开始虽然没有种甘蔗的经验,但是看看本村人怎么种、怎么下肥就学会了。说实在的,这对我们来说全部都是小儿科,没有什么技术含量。

插完田就去种甘蔗②,10月、11月上面的船来了,要我们砍

---

① 据刘国英的堂姐夫介绍,他家的田一年要上交5700多斤公余粮,前锋村要交的公余粮在整个鱼林乡是最高的。何国荣补充,当年各个村评产,一类田、二类田纳粮是不一样的。前锋村没有山坑田,红星村有山坑田,山坑田的产量肯定没有围田的高。

② 据何国荣介绍,甘蔗的虫害比水稻的要多,经常要打药、下肥、剥蔗壳、培土。

甘蔗，全村人都出动，有时年三十晚都要砍蔗①。砍甘蔗是很辛苦的，在甘蔗地走也走不动，一担甘蔗有 100～200 斤。我担最重的时候是两担，480 多斤②。

农闲时我会打杂工赚一些生活费。譬如插秧，我自己的田插好了，其他人还没有插好，我就会帮忙插秧，也会帮忙打蔗草、剥蔗壳。一开始一工才 3 元钱，后来渐渐变成 5 元③。不打散工维持不了一家的生活。

刘国英提到的插田方法和本地不一样，村民李锦月也有类似的看法。

李锦月：

分田到户之后，那些承包户学上边那些人抛秧。我们自己种的田少，就不用抛秧。那些承包户田多，就抛秧。抛秧就有些疏，有些密，不像我们以前插田，禾苗之间的距离都一样。有些疏，有些密，收成也很好，"疏禾大谷"嘛。如果禾苗插得太密，不通风，禾就细一点儿。就像现在种菜一样，种得太密了，菜也长不好；疏一点儿，棵棵都长得靓。

郑秋相从梅州来三灶的时候，把母猪也带上了。过去 30 年来他一直在养猪，并曾经与大队长吴祥发合办猪场，也不吝于传授技术给周边想要养猪的村民，其中包括何国荣。

---

① 据何国荣介绍，当年三灶全镇轮着砍甘蔗，围边那里是码头，糖厂什么时候派船过来，这里的甘蔗就一定要砍，就算是年初一、刮台风、下大雨也要砍。村里有多少亩蔗地，每一亩产多少斤，都是按规定数量收的。反正全村甘蔗的重量满打满算够一船，即 50 吨左右。

② 据何国荣所说，代耕农担的甘蔗一担特别大，特别多，他们来这里耕田特别卖力。

③ 据何国荣回忆，那时一担谷 26～28 元，一斤米好像是四五毛钱。

珠海红星村口述史
——一个南海边陲工业化村庄的变迁

郑秋相：

我在东升村时就开始一直养猪。后来到了红星村，那些沙埔全部都是骨塔①，密密麻麻的，人们不敢去那里。我是共产党员，不信神也不信鬼，灌了水泥封住它，就在上面建猪栏，养五六十头猪。我们什么事都自己来，天没亮就起来打扫猪栏，挑猪粪到地里积肥。

我家有3个男孩、1个女孩，当年来这里时最大的孩子才11岁，分好工，煲粥的煲粥，去菜地的去菜地，出工的出工，洗猪栏的洗猪栏。

本地没什么人养猪，有个别人一两年养一两头，用板车或斗车推去三灶街食品站卖。我们卖猪用拖拉机拉，猪笼里装着十几二十头猪。一斤猪八九毛钱，本地人说："那些梅县佬发达了，我从来没有听说过用拖拉机收购猪的。"实际上也卖不了多少钱，200斤猪才卖100多块钱。那时没什么饲料，就打些谷粉喂养，要七八个月猪才能出栏。

这些钱要供小孩读书。我们外地人的学费很高，比本地人的高出十几倍，包括借读费、建校费等。所以跟本地人相比，我们在经济上要多付出很多。在2011年以前，外地人确实不容易。

老乡长看我养猪技术好，1988年邀我做搭档，在下面的果园建一座大型猪场。那块地有两三千平方米，是村委会的征地，名叫太阳冲。

第一年钱不够，建猪栏要借材料，向卖松皮的借松皮，向卖毛竹的借毛竹，就这样建了两大间。没钱买猪苗，就向红旗、斗门那边的猪场借猪，写下欠条。第二年猪场发猪瘟，猪死了很多，只剩下几十只。当时2.1~2.2元一斤猪，做猪栏花了3万多元，欠下的钱还没还。

后来老乡长就说他不做了。他提出3个方案：第一，债务分

---

① 骨塔即前文所说的瓮葬坟墓。

摊，全部给我经营；第二，猪栏对半分；第三，猪栏卖给别人，不做了。当时的债务我负担了16000多元，和他差不多。

我想了想，还是要把猪场办起来，当年没有工可打，后继没有还钱的能力。最终我的债务加上重办猪场的钱，多达三四万元。后来我细心经营，慢慢得到收益，也逐渐把债还上了。

后来酿米酒，酒糟就用来喂猪，我老婆也从红星村搬到榄坑猪场帮忙。到一九九几年有工地了，我和老婆两人骑自行车把潲水拉回来喂猪。五六年后逐步还清债务，猪场的规模也越来越大，最高峰年产2000头猪，请了五六个工人。我们和员工齐心合力，员工也有回报。一直坚持到2015年，国家搞环保不让养才停下来，正好我也老了，终于有机会退休。

外地人来红星村，我会动员他们养猪。家乡有句古话："穷人莫断猪，富人莫断书。"穷人养猪积钱，不管有钱赚没钱赚，那条猪养大就是几百元了。富人没文化那就很难过了，所以要读书。

周围养猪的人，可以说都是我传授技术的，有人想养猪但一开始没有钱买，我就先借给他，等养成肉猪卖了钱再还给我。本地人也好，外地人也好，都会叫我去他们的猪栏看一看，看存在些什么问题。在2015年禁养之前，鱼林有很多养猪户，猪的存栏量超过一万头，几十亩地全变成猪栏。两年前，金湾区由于养猪造成水污染，养猪就被禁止了。现在斗门那边的养猪户，还时不时叫我去看一看。

本村的何国荣，起初我看他帮人家打工，背着大儿子帮人家挖高压杆的电线洞，一天10块钱，老婆在家里种点菜。我就跟他说："你这样不行，跟我去养猪吧。""那不行，死了怎么办？""我罩着你，猪肯定不会死的。"他回去和老婆商量后，就买了5头猪回来养。我教他打疫苗，等猪长大了再卖。

我要他养母猪。他怕养不成功，怕养的猪仔会死。"我罩着你，不会的，放心养吧。"他听我的话，就去买了人家的母猪，买了两头回来养。"太少了,再买。"结果他又去买了一头,这样越养越多。他遇到问题就会来问我,有时候我们两公婆去猪栏看一看,帮忙解决。他很喜欢学,后面成功了,在自己家后头养了100多头猪,养着养着就搬去水电站那边养,养了两三百头。

后来他的猪场被征收,赔了栏舍的基建费做补偿。当时在红星村他的经济收入确实很不错,一年能卖一两百头猪。他跟人家说:"没有老郑就没有今天的我。"听他这样说,我感到很高兴,这也是朋友应该做的。

那些外地过来种田的大都是以我的名义来的,有困难我都会尽力帮忙。身为一名共产党员,这也是我应该尽的义务,我无愧于党对我的培养。可以这样说,虽然我只是一名普普通通的党员,但我对得起党,对得起人民,对得起家庭。我们家的小孩也都是遵纪守法的,在各自的单位上认真尽力做好自己的本分工作。

四、1980年以后的一些人物和事件

【精彩语录】

关于龙塘舞蹈队:

"找曾彩群动员其他妇女一起来跳舞。我们跳着跳着,人就越来越多了。"

"那个时候分田到户,每天白天都有很多活要做,晚上就出来跳舞,就在地塘这里跳。下大雨的话就在村小组二楼办公室跳。"

关于养猪的辛劳:

"跟老郑聊着聊着,我也觉得养猪可以。抓猪苗回来后,还没有猪栏,我就在自己屋后边的杂物房养。"

"那时是1993年,刚好村里第一次分红,分了300多块钱,

我就买了4头猪苗。"

"养猪当存钱，根本就没想到能赚钱。我想着养几年猪，等小孩子长大了，把猪卖了也有钱可以交学费。"

"养猪过程比较顺利，老郑也时不时过来帮忙看看……我有什么不懂的就问他，有时候也会去他的猪场看看。"

关于妇女主任和计生工作：

"妇女主任的工作主要是查环，搞计划生育，通知老人、妇女做体检，到大队开会。"

"要查环了，我就拿一叠查环纸上门，家家户户去派；要妇检了，就逐家逐户去通知；要买什么老人保险，就会去通知、收钱，买不买看他个人的意愿。妇检会检查子宫，看是否有炎症、息肉或者肿瘤；检查胸部，看有没有淋巴结节。"

关于超生与罚款：

"我有两个女儿、一个儿子。儿子是超生的，计划生育不准生啊，要拆我的房子。当时差不多有100人，抬着大铁锤围着我的房子，要拆了它。"

"后来罚了我们4000多元，1983年的时候做一天工才3元钱，4000多元怎么拿得出来？"

"我老公是船长，搞计生的就扣了我老公的出海证，要交完罚款才能拿回出海证。"

1. 龙塘舞蹈队

1983年分田到户之后，村民自己组织了舞蹈队，由何彩谷发起："当时曾彩群是妇女主任，所以就找曾彩群动员其他妇女一起来跳舞。我们跳着跳着，人就越来越多了。"

到1985年，人数已经很多了，也比较稳定。舞蹈队有16个妇女和6个"老太婆"，最年轻的"老太婆"都有70多岁了。平时外出演出的话就是这16个比较年轻的妇女，年老的就是平时大家排练跳舞的时候跟着一起学。

何彩谷：

那个时候分田到户，每天白天都有很多活要做，晚上就出来跳舞，就在地塘这里跳。下大雨的话就在村小组二楼办公室那里跳。我们把布鞋装在袋子里，穿着水鞋过去，到了办公室再换布鞋。等到要回家的时候就再换回水鞋。那个时候一点儿都不累，很开心。

2.《白毛女》的演出

何彩谷：

演《白毛女》的时候我已经不在宣传队了，因为那个时候我结了婚，我婆婆不愿意我继续参加宣传队。以前的人保守嘛，现在就开放很多了。

那个时候演《白毛女》的人很多都已经不在了，罗添福当年演的是杨白劳，因为不熟悉普通话，还闹过一个笑话。原本他要讲的台词应该是"我只有一个女儿了，求你不要带走她"，结果说成了"我还有一个女儿"。

3. 养猪 20 年的辛劳

何国荣：

我迫不得已才回来养猪，不知道为什么我以前出去找工作都没人请。当时我还没结婚，在金沙滩那边工作。后来结了婚，单单靠一份工资不够开销，就把工作辞了。想养猪但是没有资金，那时是 1993 年，刚好村里第一次分红，分了 300 多块钱，我就买了 4 头猪苗。

养猪跟老郑也有关系，他当时已经养了几百头猪。我年轻的时候经常跟村里的外地人在一起，大家聊着聊着就叫我养猪。跟老郑聊着聊着，我也觉得养猪可以。抓猪苗回来后，还没有猪栏，我就在自己屋后边的杂物房养。

300多块钱也不够抓4头猪苗，我还跟我大哥借了100多块钱。这4头猪苗养成功了，之后就搞了第一间猪栏，养了8头猪。那时候养猪，从抓猪苗到出栏要七八个月。这4头猪是3月份养的，到年底才出栏。第二年又养了8头猪，出栏后我又扩建了猪栏。以前养猪的猪栏是一间一间拼出来的。

养猪过程比较顺利，老郑也时不时过来帮忙看看。那时候也是因为他懂，我才敢做大。我有什么不懂的就问他，有时候也会去他的猪场看看。头两批猪苗也是他帮忙看的。

后来，何沛良也开始养猪，很多时候都是我跟他一起去买猪苗。

大概养了3年之后，有三四十头猪，我就开始自己做配种，繁殖小猪。我也不是专门养猪，猪场是老婆在家里看着，我则跟人家做建筑，挖电缆沟，弄点生活费回来。那时候生活很艰难，就算自己不吃，也要顾着猪栏。

2007年的时候是最高峰，有500头猪。当时本地村民很少养猪，主要是代耕户在养，我也是生活所迫才不得不开始养猪。

养猪当存钱，根本就没想到能赚钱。我想着养几年猪，等小孩子长大了，把猪卖了也有钱可以交学费。后来做着做着觉得可以，就这样养了二十几年猪。

我刚开始是在这里的后边养猪，但是太靠近村子，村民有意见，后来就在机场高速那边找了个地方，村里帮我签了合同。我的养猪场搬到那边后，我和我老婆一起管理，养了四五百头猪。

以前我们养猪的时候，把养好的猪交给食品公司，他们统一收购。改革开放之后，食品公司就让个体户直接向我们收购。以前个体户收了之后，就可以自己到食品站屠宰。后来成立了肉联厂，就是屠宰场，就统一到那边进行屠宰。我们金湾区的屠宰场就设在小林。

现在金湾区没有养猪，屠宰场还是在小林那里。我1993年开始养猪，一直到 2016 年，禁养了才没有养。2015 年年初，金湾区开始禁止养猪。当时只有两三个月的时间给我们处理，只能低价脱销。

4. 妇女主任和计生工作

在严格实行计划生育的年代，作为村干部，妇女主任要负责哪些工作呢？妇女在生育方面又会面临什么样的情况？我们来听听两位本地村民是如何讲述她们的故事的。

曾彩群：

村干部主要包括村主任、副村主任、妇女主任。党员就由党员小组长管理，每一条村都有一个党小组，不归入村干部，由党那边支付工资。村民代表会时不时开会，讨论关于集体的事，如厂房的补漏，资金要怎么开出去等，大家坐在一起商量。

我从澳门回来的第二年，原来的妇女主任李锦月出了车祸，她叫我顶上，之前她做了七八年妇女主任。红星村每个妇女主任都当了十年八年。我说我不会做，她说我人品好，就叫我做，于是我就做了三届妇女主任。后来我老公说："不要做妇女主任了。"那届选举我就放弃了选票。后来我被重新召回，又做了 9 年妇女主任。

妇女主任的工作主要是查环，搞计划生育，通知老人、妇女做体检，到大队开会。计划生育的年代，我们村很少人超生，有时一年就一两个。工厂的计划生育不归我们管，由大队的那一帮人来管。我只管村里面的。

比如说，要查环了，我就拿一叠查环纸上门，家家户户去派；要妇检了，就逐家逐户去通知；要买什么老人保险，就会去通知、收钱，买不买看他个人的意愿。妇检会检查子宫，看是否有炎症、息肉或者肿瘤；检查胸部，看有没有淋巴结节。

我的两个儿子都在三灶医院出生，都是顺产，以前很少剖腹产，只有当人生不出来时才会开刀。生他们两个的时候，疼得我摇头叫。老一辈人的生育又不一样，我外婆在定家湾就是当执妈（负责接生的人）的，当了几十年。

李锦月：

我跟我老公是同一条村的，读完书出来做工的时候认识的。以前不像现在这么开放，一起做工的时候，你怕我，我怕你，很不好意思。我们是1975年结婚的，我妈看我两个姐姐都嫁出去了，而他和我们同一条村，嫁给他就可以照顾到她。

我有两个女儿、一个儿子。儿子是超生的，计划生育不准生啊，要拆我的房子。当时差不多有100人，抬着大铁锤围着我的房子，要拆了它。幸好社员群众好，帮我说话，跟他们说："这房子她才建好两年呀，不要拆她的房子，我们去找她回来吧。"

当时到处躲，一开始我躲在别人正在建的房子的厨房里。他们来找，看有没有人睡那些床，幸好我不在房间睡，而是躲到后边的柴房睡。过了两天，又怕二姐的女儿被人哄了说出来我在那里，就又去我姑姐家里住，住了3晚。

后来又在我阿婶家住了几天。他们家是修公路的，很难得有这份工作，如果被捉到我藏在他们家，工作都会丢的。

有天晚上，我小姑说计生的人一定要找我出来，我怕拖累他们，就又走了。走到大围边，儿子就出生了。当时找了阿婶过来接生，她是专门接生的。但是当时不敢说是她接生的，就说是我姐接生的。

生了之后就回家，他们不相信是在大围边生的，我就带他们去看。后来罚了我们4000多元，1983年的时候做一天工才3元钱，4000多元怎么拿得出来？

当时，我老公是船长，搞计生的就扣了我老公的出海证，要交完罚款才能拿回出海证。老公和3个朋友一起开一条船，扣了出海证大家就都不能出海,这样就没工做了。我老公就跟生产队队长商量,从生产队借钱给了搞计生的人,然后慢慢还钱给生产队。

(编辑整理:姚楠)

第六章　工业化与城镇化变迁中的村庄

20世纪90年代，在实行社会主义市场经济，进行沿海地区大开发的背景下，三灶镇政府运用灵活的土地政策招商引资，走工业化道路。红星村从1993年进行土地预征到2002年开始正式征地，其间陆续有工厂进驻，其中联邦制药厂是第一家外资[①]企业。伴随而来的还有大量外来人口的迁入以及部分村民的外迁，村庄环境与村民的生活方式发生了巨大的变化。这种工业化、城镇化的扩展与蔓延，至今仍在进行中。

一、敢吃这只"螃蟹"：20世纪90年代的招商引资

【精彩语录】

"当时珠海到处搞房地产，那我们三灶镇该怎么办呢？政府会议上讨论三灶的出路，我们大家同意：'一句话，要办工业。'"

"（联邦制药的）项目定下来之后，我们很高兴，但也很苦，因为没钱。我们想各种办法，求银行贷款，没路就搞路，没水就搞水，没电就搞电。"

---

① 联邦制药1990年成立于香港，根据中华人民共和国《外商投资企业设立及变更备案管理暂行办法》第三十三条："香港特别行政区、澳门特别行政区、台湾地区投资者投资不涉及国家规定实施准入特别管理措施的，参照本办法办理。"香港、澳门、台湾地区投资企业不属于外商投资企业，但参照外商投资企业管理。因此，本书中的"外资""外商"等，涉及香港、澳门、台湾地区投资的内容，是基于参照外商投资企业管理的角度来进行表述的。

珠海红星村口述史
——一个南海边陲工业化村庄的变迁

"联邦制药 1996 年进驻鱼林，属于三资企业中的港商独资。……在这里已经 21 年了，大概每年交给国家的税有一亿元。"

"我们给联邦制药厂 50 年的土地使用权，工业用地是 50 年。"

"联邦制药纳税，包含了国税和地税，税收没有再分配给村里，全部是政府财政。"

"联邦制药和飞利浦这两家企业在很长一段时间里，支撑着三灶镇乃至金湾区的财政。"

"现在三灶镇管辖范围内的税收一年留存给地方的有 11 亿元左右，按体制上交给金湾区 60%。"

"一开始中央不批准珠海建机场，后来说修复日军的这个机场来使用，以这个名义把机场建起来。"

"将三灶街所有自然村的土地进行预征，是珠海市的政策。"

"1993 年预征地，将集体所有的土地定一个数，如 3000 元一亩，每年给 1% 的钱，就像给订金，给了 12 年，到 2002 年开始正式征地。"

"现在，我们村的集体经济发展起来了，有厂房，还有水资源。在三灶镇，我们村的物业是最多的。1999 年，我们村就有 5 栋厂房。"

"1997 年，为了了解老百姓的情况，我带着干部到红星村调研了一周。我们早上去，晚上回，中午就在村长吴楚芳家吃饭，碰头聚拢材料，然后把干部分到各家各户去调研。"

1. 联邦制药厂——三灶工业招商的第一只"螃蟹"

王定一于 1992—1998 年担任三灶镇党委书记，从镇党委书记任上退休。他回忆了任职期间三灶开发的思路，以及引入联邦制药厂的点点细节。

王定一：

我于1992年年底担任镇党委书记。当时珠海到处搞房地产，那我们三灶镇该怎么办呢？政府会议上讨论三灶的出路，我们大家同意："一句话，要办工业。"没有工业就没有出路，没有工业，老百姓以后的就业就更加麻烦。有工业，起码人就有活干；有人气就好办了，摆个水果摊都能够养一家人。

我们搞了一批优惠政策，整个珠海就只有三灶敢吃这只"螃蟹"。当时市政府规定珠海市西部地区工业用地地价为320元每平方米，镇政府拿一半，市政府拿一半。我跟西区国土局说："我们三灶要用优惠地价来招商。市里规定的价格是320元每平方米，我们减半出让。我们的这一半一定要拿到，不然拿什么去搞路、搞水、搞电呢？你那一半钱我先不交给你，写欠条给你，挂账上，以后有钱再还你。"

我就是这样运用土地上的灵活政策开始招商的，结果见效了，项目接着就来了。飞利浦是世界500强企业，那时候三灶连路都没有搞定。我们办的琴石工业区，填了土，只有硬底路没有水泥路，下雨天泥泞不堪。我们积极创造条件，并诚心诚意地对待投资者。我们1994年和飞利浦接触，1995年签合同。飞利浦拿了3万平方米的土地，约50亩。现在飞利浦大约每年向国家缴纳一亿元税收。

联邦制药1996年进驻鱼林，属于三资企业中的港商独资。最初，联邦制药找珠海市政府，要市政府给地办厂，一开始目标是在南屏工业区。他们等了两年，地迟迟批不下来，后来他们去了中山坦洲，办了联邦制药的第一家工厂，投了1亿3000万元，制造阿莫西林等各种成药。这个老板比较精明，他不想把投资全部集中在一块。当时我让招商办在《珠海特区报》上登广告：欢迎外商来我们这里投资，我们有优惠政策。

有一天，一个女士打电话给我们招商办，问三灶办企业的政策、土地等各方面情况是怎么样的。我们的同志跟她谈了："你

珠海红星村口述史
——一个南海边陲工业化村庄的变迁

这个是什么企业呀,哪里的?"她就说是香港联邦制药的,已经在中山投了一块地建工厂,想再找个地方投资。这个女士叫彭翘,后来是联邦制药的总经理,当时还是办公室和招商办的小女孩,在南油办公。

彭翘打完这个电话两小时以后,我就去到她面前。我说:"我是刚才通电话的三灶镇的党委书记,听说你们有投资的意向,我想为你们提供服务。"她很惊讶:内地还有这样的政府呀,两小时人就来到这里了。她跟老板蔡金乐汇报了。

大概过了两个月,彭翘打电话过来:"我们蔡老板准备到你们三灶看看。"他第一次来只是粗略地看,什么话都没说就走了。过了半个月,彭翘又打电话过来,说蔡老板还想来,我知道有戏了。蔡老板说:"你把三灶镇能够办工厂的地方都带我去看。"他不是要看我们已经填好的工业区。我首先带他看鱼林这块地,从西到东,又看了琴石工业区,看了圣堂那块,再看海澄、机场那一块,在海澄一个农家乐给他煮了一条鱼。他吃了很高兴,但还是不说投资的话。这个老板很有个性。

到了1995年元旦放假,早上6点多,蔡老板打电话给我:"我就要你们带我看的第一块地。"也就是鱼林那块地,我说:"行,没问题。"那块地原来是村里卖给兰州一家房产公司的,已经填了几十亩。兰州的那家公司买了一两百亩地,填了一部分地,但还没动。我就找房产公司的人来谈,把他的那块地调到中心小学旁边,他们很高兴,一谈就成功了。

当年给联邦制药的这100亩地是按135元每平方米卖的,那时还是泥土路,没有水泥路,供水的水管还没铺好,电还需要铺工业用电专线。路、水、电不解决,人家怎么办工厂呢?项目定下来之后,我们很高兴,但也很苦,因为没钱。我们想各种办法,求银行贷款,没路就搞路,没水就搞水,没电就搞电。我找到三灶区委书记钟华生,向他反映了我们的困难。区里资金也缺,钟书记就支持我们1000吨水泥,让我先把路修起来。联邦制药厂1996年试生产，在这里已经21年了，大概每年交给国家的税有一亿元。

20多年来，我们跟蔡老板、彭小姐都成了朋友。蔡老板两年前去世了，彭小姐现在也不在联邦制药了，她是内地人，学药的。那时候我们三灶刚刚开发，政府比较穷，财政收入每年才1200～1300万元。联邦制药和飞利浦这两家企业在很长一段时间里，支撑着三灶镇乃至金湾区的财政。现在三灶镇管辖范围内的税收一年留存给地方的有11亿元左右，按体制上交给金湾区60%。

1989年我来三灶的时候，日占时期的机场跑道还在，一个坑一个坑的，大概是日军撤退的时候炸的。一开始中央不批准珠海建机场，后来说修复日军的这个机场来使用，以这个名义把机场建起来。三灶有机场，长远来看是个好事，但是要把老百姓搬迁的事摆平真是难啊。难就难在政府也有困难，一下子拿不出那么多钱，我们作为地方政府更难，既要维护市政府的大局，又要做好村民的工作。

1996年珠海开始办航展，我是1998年做完第二届航展以后交班离任的。机场航展是市政府的工程，三灶镇主要是配合工作，负责村民的搬迁。现在村民的房子全部是政府把房子拆掉以后给新建起来的。

航展主席台的那个位置原是最后搬迁的，当时比较急，要马上搬走，把地填平用来做开幕式。最后政府拿钱给村民，让他们赶快搬出去住，在亲戚家住也好，在哪家住也好。当年没日没夜地做这个工作。当地有一个习俗，老人还没死的时候，会做一副棺材放在家里候用。没办法啊，我们做了个大棚子，把他们的棺材从家里搬到那里存放起来。

2. 土地预征与招商引资——红星村的大事件

李富平：

1993年预征地，将集体所有的土地定一个数，如3000元一亩，每年给1%的钱，就像给订金，给了12年，到2002年开始正式征地，之前给的就不计数了，就按3000元一亩征地。将三灶街所有自然村的土地进行预征，是珠海市的政策。

三灶街到鱼林的那条水泥路，就是1996年用预征地款修的。机场高速是2009年征地，2010年开始建，到2012年完工的。

现在，我们村的集体经济发展起来了，有厂房，还有水资源。在三灶镇，我们村的物业是最多的。1999年，我们村就有5栋厂房，都租出去给别人来做。接近2000年时，开始有外资工厂进驻，联邦制药厂是第一家。他们一开始是租地开厂。2007年三灶镇政府把地征完了，就把地卖给企业开厂房。

王定一：

1995年还是1996年我忘了，就是三灶征地开发之后，开始办工厂，老百姓没地种了，整个生产格局都发生了改变。不过村民有了很多门路，譬如去打工啦，搞建筑啦，搞运输啦，搞服务业啦。在这样的情况下，究竟老百姓的荷包是怎样的情况？是有钱，还是没钱？有钱到什么程度？没钱又到什么程度？

1997年，为了了解老百姓的情况，我带着干部到红星村调研了一周。我们早上去，晚上回，中午就在村长吴楚芳家吃饭，碰头聚拢材料，然后把干部分到各家各户去调研。

我们调查得很仔细，到每个劳动力的家里问他："你经常做什么事？你除了种田还做什么？你赚多少钱？"把每一户的所有劳动力的情况都摸清楚——最近干什么，收入怎么样：种田的收入、打工的收入，还有其他五花八门的，如开小卖部的，搞基建的，还有搞小饭馆的，这些算起来红星村一年的收入究竟有多少钱。

红星村当年还有点儿土地，村收入也还是不错的，没有那些叫苦的人说的那么差。当时那份调查研究的资料做得很认真，有报告、表格，材料太宝贵了。后来我走了，也不清楚这份报告最后存放到哪里了。

3. 政府针对开发后遗留问题的政策

王定一：

开发遗留下来的问题是一个难题，人的问题是最难的。问题怎么来的呢？三灶的地比较多，有18000多亩地。随着珠江三角洲工业的发展，年轻人跑到外面去做工，种田变成一个问题。后来放开政策，招外地的人来种田，代耕农的问题就这样一代代遗留下来，好几次要解决，到目前为止还是解决不了。

为什么解决不了呢？代耕户来的时间太长了，有的来了几十年，有的在老家连户口都没有了，有的在这里生儿育女了，有的儿子都这么大了。但是按照土地政策，原来户口不在这里的，土地就没有他们的份。他们的生活问题比较容易解决。现在社会这么开放，你去做什么工都没问题，也不用政府安排。关键是住的问题、房子的问题。现在土地这么宝贵，政府安排土地出来，让他们往空中发展，他们又不干。安排了他之后，他又说："我的儿子怎么办呢？我的儿子生了儿子，又怎么办呢？"

这样搞来搞去，是没有办法解决的。这个问题政策性很强。必须有市政府的统一规范，才能有法可依，有章可循，否则只靠教育、协商、让步是解决不了问题的。

我们这里有一个国家级的文化遗产，就是万人坟。这么多年来，政府都想投资，把这个重要的文化遗产做好，一次次地设计，一次次地准备，但就是有那么十户八户闹腾，怎么搞都不行，也不能硬来。你松一米，他就要两米；你松两米，他就要四米。没有办法解决的，也没有一个政策、法律、法规做依据。

前面征地和后面征地，补偿永远都是有区别的，因为物价在上升。征地这个问题，在我看来应该没什么禁忌。

我们给联邦制药厂50年的土地使用权，工业用地是50年，土地可以转让，性质不能改变。我们出让的时候，土地已经不属于村里了，已经给村里补偿过了。不给村里补偿，这块土地就动不了。我们按照征用农业用地的补偿标准——市里有统一标准，由国土部门来征。市政府规定的价格是300多块钱一平方米，但是好像从来没有实行过，因为按照这个价格你卖不出去。工业用地按照这个价格卖谁都不要，项目就进不来。

联邦制药纳税，包含了国税和地税，税收没有再分配给村里，全部是政府财政。联邦制药在不在红星村范围内我不知道，我还不清楚是哪个村的呢。

二、征地后村子和村民生活的变化

【精彩语录】

"很多外地人到三灶街做生意，我不敢做，担心亏本了孩子没钱读书。"

"村子的变化肯定是有的，龙塘苑这一片以前是田，现在变成了楼房。门口的路以前是泥路，一九九几年时修了水泥路。"

"我就去东咀开小杂货店。……饮料、香烟、火机这些，赚不了几毛钱。"

"1996年木工这个行当式微了，根本没有活干。"

"我就一直做看门的，直到2016年国税局搬去金湾区，我才回到村里。"

"但直到现在我还做木工，有人叫我做我就做。现在的人都会去买，什么都工厂化了，也只有别人要修修补补时才会叫上我。"

"我没做之前是没有钱分的，我做了之后马上每个人就有5000块钱。"

"这个钱从哪里来呢？我们村民小组有厂房出租。"

罗来有1997年开始担任红星村民小组组长，2002年辞任后担任鱼林村村民委员会主任、党支部副书记，至2007年止。2007—2017年担任三灶镇闲置资产处理办公室主任。2017年起至今担任三灶镇城市资产管理有限公司副总。

罗来有：

（1）建厂房出租获得集体收入。

1997—2001年我担任红星村民小组组长。我没做之前是没有钱分的，我做了之后马上每个人就有5000块钱。

这个钱从哪里来呢？我们村民小组有厂房出租，可以这样说，整个三灶镇，没有哪一条村的厂房有我们村多。

当时红星村有5栋厂房可以出租，一年的厂租能够达到300万元左右。

我用什么钱来建这些厂房呢？用征地的款。当时我不分那么多钱给村民，我用来投资建厂房。你可以问何国雄他们，分钱都是分我当组长时建的那些厂房的租金。除了厂租，没有其他收入了。

田地已经征收了，农民靠什么吃饭呢？都是搞些倒卖。倒卖的那些人才多一点儿收入。集体则靠房租。已经没有田地了嘛，如果有田地的话，还可以种种菜。

现在横石基一个小组每人每年可分30～40万元，他们是后期征地，我们是前期征地。我们征地的时候是13800元一亩。现在征地是65000多元一亩，差很远的。

说到征地，这个是按照国家文件上下浮动的。我在镇上做闲置资产管理和城市资产管理，负责征地时，就是卷起裤脚来跟那些农户谈的，都是为三灶镇做的。

我在红星村当组长的时候，当时的人口有400多，一百零几户。当时的劳动力没有田没事干，就自己去开荒，种一点儿菜，拿去菜市场卖。还有养猪的，出去打工的不多。

珠海红星村口述史
——一个南海边陲工业化村庄的变迁

我到联邦制药厂跟当时的蔡董事长讲:你要安排我的村民进去打工。具体安排了多少村民进去我也不太清楚,但是我跟他们提过要求。

(2) 处理鱼塘问题为村里争取利益。

我当红星村组长的时候,我们村有200多亩地。镇政府租地养鱼,租金是村委的收入,我们小组没有收入,所以我要抗议。怎么抗议?带村民到村委去讲道理。当时红星村的要求是把租金拿回来。这个地是我们村的嘛。

后来结果就是村委不得不给,因为村主任也是我们村的。一年能够拿到多少租金?当时的租金是500块钱左右一亩,一共有100多亩,一年可以拿回几万块。

(3) 关于村里土地的预征问题。

关于当年的预征土地,国土局局长、镇长和区长都跟我讲上面说是预征。我是红星村的组长,我是这样说的:你不能够这样。按照商业的角度,你买我一小块地,你就得给两块钱定金。什么叫预征?把这个概念说清楚,否则就不能算!

虽然当时是在搞土地预征,但后来大部分土地征收还是按照国家后来的文件计算,而不是退回预征的钱,没的退。我就说,这就等于预征款,先给了就给了,该分的就分了。

后面征地的时候该多少钱就多少钱,按照文件来算,4000块钱一亩。按照国家补贴,3000多块钱是土地费,另一部分是青苗费。现在的文件就不这样分了,而是统一计算,不管你有多少个闸门、多少个网,反正是该征的征了,该拿的拿了。

(4) 关于联邦制药厂土地的历史问题。

联邦制药的地征上去以后,它每年纳税,给三灶镇交的很多,但没有返给我们。当时说要返还一部分给我们,等于是返还地税。

所有的土地,国家征地要补偿村民。厂家纳税,就等于我们的那部分要从三灶的财政收入中拿,但是一直都没有拿到。给红星多少，给鱼林多少，当时也没有说过一个具体的数字。实际上没有给，到现在也没有给。

到现在都没有给，是不是就没有了？肯定不行，因为联邦制药厂那块地不是跟我们村征的，我们没有签征地合同。

联邦制药厂那块地，原来镇里领导是为了发展镇里的经济才征的，方向是好的。但是从正规渠道来说还没有征地，他们曾经签过一个合同，但是这个合同到现在我都没有见过。

但镇里有关领导承认，要返回那个钱。这个不关工厂的事，关镇政府的事。要解决这个历史问题，办法一是返还财政每一年的补贴，办法二是按照田地的亩数返还征地款。

这块地是一直没有征的，都没有签征地合同。征地都是要按照国家文件来办，不是任何个人可以决定的。政府部门没有征地，也没有文件证明征了地。哪个村民签了名？哪里盖了小组的章？没有。这等于是占用了村民的土地，如果村民要争取利益，还是很有说服力的。

如果返还的话，这个利益主体是我们红星村民小组，与鱼林村关系不大，因为地是小组的。这个是历史问题。

郑秋相：

1990—1991年前后三灶开发，最先从东咀开始，东咀、三灶街办工业，鱼林当时划入农业区，也就是最近10年才建了楼房和工厂。很多外地人到三灶街做生意，我不敢做，担心亏本了孩子没钱读书，所以一直耕田、养猪。

2003年合同期满，我就没有田耕了。2005年前后取消公余粮。由于粮仓的粮食价格和市面上的差不多，为了减轻农民负担，国家不再征收公余粮。因此，我也有了点积蓄，就把东升村的这栋房子建起来了。

这栋房子是2009年建好的，2015年搬回来住。红星村的房子，我送给人家住，我住榄坑的猪场。我们现在不养猪了。我的小孩都很争气,出去干自己的事业,基本上都是自己做老板,没有帮别人打工。做惯了事情的人,现在没事做,有时觉得很无聊。

刘国英:

30年来我每年最多回一次老家,很少春节回去,起码要等到8月份农闲,或者家里有事时才回去。原来龙塘小学的位置有一栋在建的楼房,那就是我的新屋。

村子的变化肯定是有的,龙塘苑这一片以前是田,现在变成了楼房。门口的路以前是泥路,一九九几年时修了水泥路。1987年,鱼林最多就10台摩托车载客①。现在都没有田耕,(晚上来做客的)这两个是菜农,应该还有3亩田②。我现在都不怎么种菜了。孩子都去厂里做工了,我们在家里看孙子。

大女儿8岁才读学前班。她读鱼林小学时,从一年级到六年级都是班里的第一名。因为户口不在这里,会影响将来考大学,我大哥建议我女儿回老家读六年级。我带着大女儿回老家,她住在大哥那里,逢节假日她就自己坐车出来。读完初中,家里没什么收入,负担很重,没办法供她读高中、念大学。她报考中专,读金融,可是学校在武汉。"那么远,不要去喽。"她就没去,来了三灶,进了飞利浦工厂打工。那一年她19岁。

陆瑞文:

建房子建到1996年,我就去东咀开小杂货店。当时东咀在搞开发嘛,亲戚介绍我过去的。去做了两年,没钱赚。饮料、香烟、火机这些,赚不了几毛钱。当时东咀才刚开始填土,人很少。熬了两年,没钱赚,我又去找工作了。然后去开摩托车拉客。

---

① 据何国荣介绍,来红星村耕田的人现在几乎家家都买了小车。
② 何国荣开玩笑说,现在有3亩田就是"大地主"了。

何沛良：

1996年木工这个行当式微了，根本没有活干。那一年正好国家财政困难，东咀的烂尾楼也就是那一年前后建的。国家缩紧贷款，很多老板"走佬"（偷偷地走了）。我就买了一辆摩托车去拉客，当年生意很好，我那辆"嘉陵仔"一天能拉30～40块钱的生意，有时能赚到50块。

后来老板们跑路了，很少人过来开发。1997—1999年行情又降下来了。我大哥在国税局工作，他对我说："这样吧，你来我们单位看门吧。"我问："多少钱一个月？""800块。""800块这么少！""还嫌少？现在到工厂打工也就是700～800块钱，800块看门还嫌少？你自己想一想，拉客也好，做木工也好，你到老了还能做吗？你做看门的，到了几十岁我还能照顾到你。"

我就一直做看门的，直到2016年国税局搬去金湾区，我才回到村里。看门看了17年，工资也不高，发工资的钱来自国税局的行政费，能高到哪里去呢？每天早上我从村里开摩托车去三灶街，到晚上回来，虽然还是住在村子里，但对村子的情况就没那么熟悉了。

我回村后，零零碎碎地接了一些维修的活儿，7—8月份跟着朋友去春晖园装水电，在村子里给私人干活。五六层高的房子装水电最少也要有3个工人。

圣母庙的凉亭是11月份修的，第二年1月完成，前后用了3个月。中间会有停歇，例如，倒了水泥，要等水泥凝固，会休息一下。我做了50天，应该是出工率最高的一个。

现在我的小侄子在三灶修家电，他认了第二，没有人敢认第一。我们一家三代，可以说是做苦力的命。

现在木工行业式微，赚不到钱了。但直到现在我还做木工，有人叫我做我就做。现在的人都会去买，什么都工厂化了，也只有别人要修修补补时才会叫上我。

三、社区环境和人际关系的变化

【精彩语录】

"自从把水稻田填了,下雨时村里低洼的地方就会淹水。"

"以前坑里的水很清,整个三灶,我们红星的山泉水是最好的。以前有一个'美女弹琴'的响水坑,一下雨,水就像海浪一样'哗啦哗啦'地流下来。自从开山建机场之后,那些水不知道为何全不见了。"

"听说茅田山上开了一口大鱼塘,可能也因为养了猪,有污染。"

"以前村口那口井(龙塘井)的水也很好喝,是从石头里冒出来的,和洗米水很像,很清甜,颜色白白的。"

"鱼林最大的变化就是土地变成楼房,门口那些高高的楼房,以前全部是农田。"

"三灶可以说从一个小渔村变成了一座城市。"

"做人五要:对国要有民族感,对人要有诚意感,对家要有温暖感,对事要有责任感,对老要有孝顺感。"

"做人五不:不损人利己,不犯国家法律,不强人所难,不看黄色书籍,不做无良心之事。"

"现在已经找不到一个凉棚了。以前大家都在凉棚下吃饭、喝茶、聊天,晚上就在那里乘凉。一九八几年之后凉棚就逐步被拆掉了。"

"大集体的时候,所有人的作息时间都是一样的,大家都是同一个时间段有空,可以凑到一起,但是打工了,就不可能凑到一起了。"

"一九八几年的时候,人们多数是去香洲、拱北打工,澳门是近十几年才很多人去的。"

"现在很多人都回流到这边。因为工资差不多，而且消费水平也没有市区那么高，还离家近，所以很多人都回来了。"

何沛良：
自从把水稻田填了，下雨时村里低洼的地方就会淹水，以前从来没有这样过。

曾彩群：
以前坑里的水很清，整个三灶，我们红星的山泉水是最好的。以前有一个"美女弹琴"的响水坑，一下雨，水就像海浪一样"哗啦哗啦"地流下来。自从开山建机场之后，那些水不知道为何全不见了。

我有一个堂哥住在高栏的山边，一年到头都喝井里的水。自从开了山建机场，连高栏那么远的山都断了水。我们到现在还喝山泉水，水管里的水都是山泉水。我们的山泉水很甜，不像自来水漂白水味那么重、那么难喝。

后来山上开了荒，听说茅田山上开了一口大鱼塘，可能也因为养了猪，有污染。但是开荒不影响水质，坑里还有坑螺。现在还有山泉水，只是流量没有以前那么大了。

以前村口那口井（龙塘井）的水也很好喝，是从石头里冒出来的，和洗米水很像，很清甜，颜色白白的。我们以前一大清早就去井边挑水。

现在村里还有一口井没被封，但是用盖子盖住了。人们说井不能封，只能盖着。后来安装了自来水，村民就不喝井水了。我1981年生了大儿子，那时候还要担水喝。所以，应该是1982年或1983年才开始有自来水。

郑秋相：
鱼林最大的变化就是土地变成楼房，门口那些高高的楼房，以前全部是农田。后来大家不种地了，就去打工，或者自己做生意、做老板。

三灶比珠海迟了10年才开发。珠海市1979年开始开发，三灶是1992—1993年开始开发。记得1990年前后，三灶区委书记钟华生来开发三灶，召集整个三灶的党员开会，讲三灶开发的蓝图，现在基本上都实现了。

三灶可以说从一个小渔村变成了一座城市。三灶本地人的生活比以前好得多。外地人虽然有了房子，但如果没有生意来往，没有买卖，日子就很辛苦了。至于那些到厂里打工的人，现在50岁以上去打工，就没有人要你了。因此，这些老人多是照顾家庭，让年轻人去工厂多赚点钱，好养家孝老。

做人五要：对国要有民族感，对人要有诚意感，对家要有温暖感，对事要有责任感，对老要有孝顺感。做人五不：不损人利己，不犯国家法律，不强人所难，不看黄色书籍，不做无良心之事。

何国荣：

环境变化当然大啦，以前都是农田，现在都变成厂房了。以前村里每家每户都搭一个凉棚，现在已经找不到一个凉棚了。以前大家都在凉棚下吃饭、喝茶、聊天，晚上就在那里乘凉。一九八几年之后凉棚就逐步被拆掉了，因为那时候很多人都外出打工，作息时间也跟以前不一样。大集体的时候，所有人的作息时间都是一样的，大家都是同一个时间段有空，可以凑到一起，但是打工了，就不可能凑到一起了。

一九八几年的时候，人们多数是去香洲、拱北打工，澳门是近十几年才很多人去的。去香洲那边打工的多数都是进电子厂、制衣厂之类的。

现在很多人都回流到这边。因为工资差不多，而且消费水平也没有市区那么高，还离家近，所以很多人都回来了。

四、"新珠海人"的故事

【精彩语录】

"接触面更广了,包括人员管理、生产管理、质量管理,还有厂房建设、设备采购。……亲身经历了很多,也有很多的挑战。这是吸引我到这里来的主要原因。"

"认识我老婆以后,2011年我们搬来红星住。……由于老婆是本地人,汤臣倍健的发展也不错,我觉得这边也不比别的地方差,就定居下来了。"

"刚来汤臣倍健的时候,第一期厂房面积大概是一亩地,现在已经到第四期,扩展到20多亩。员工从原来的七八十人到现在一个车间100多人,整个公司员工总数达800多人。现在一年的销售额就有几十亿元。公司也上市了。"

"我们做保健食品,质量一定要放在第一位,做到产品真实、有效才会有人购买。"

"公司里红星本地的员工有20人左右,经我介绍的都有十几个了,如老婆家那边的亲戚。"

"2008年……这里没有那么多楼房,空荡荡的,现在基本上都被填了,只有旧村场这一边有田。"

"当年龙塘苑的房价1000多元一平方米,10万元一套房子。以室内实用面积来计算,80平方米其实有100平方米。"

"现在3000多元一平方米。这些房子没有房产证,龙塘苑也没有,买来住倒是没问题。"

"最不满意的是红星的卫生,我和村长建议过,要把红星村做好,使环境舒适,让村民住得舒服。"

"关于污染,就是那个药厂排放的臭气、污水。他们做的产品,污染非常大。"

"红星村喝的水,水质不错,是山塘水。"

"我家乡在潮州,我是1982年出生的。我来珠海生活已经十几年了,我读完书一出来就在珠海工作、生活。"

"这里的人挺好的,比较随和,不管老的少的都不会斤斤计较。村民都很热情,你跟他打招呼,他就会跟你打招呼,来这里很快就适应了。"

"我的大儿子读书就比较麻烦。村里负责计生的敏姐人很好,给我们时间从家里开计生证明过来办入学。"

"住在我附近的人和我像姐妹一样,我们天天一起喝茶。我们建了个'姐妹群',有时候晚上出来喝喝酒,喝喝茶,吃吃东西。"

"红星村这里的人都很容易相处,不像有些地方的人那样提防外地人。"

"我习惯了住在这里,去年(2016年)都在这里过年。现在为了小孩子读书,基本是在这里定居了。"

李太适:

(1)来三灶的原因及迁徙过程。

我1973年出生,老家在湛江。爸爸是老师,我念的小学还是五年制,小学毕业后我就到外地念书,直到工作都很少回家。我大学念制药专业,毕业后到佛山制药厂工作了9年,又到广州的安利工作了两三年。2007年,我通过朋友认识了汤臣倍健的老板,他是从"太阳神"出来的,说要做保健食品,让我负责整个生产部门。于是10年前我来三灶面试,面试完就上班了,担任生产部经理。

出来工作的时候,我很勤奋,不怎么计较个人得失。当年安利的工资是比汤臣倍健要高的,我在那里也是管生产,但是大公司分工比较细,保健食品就会分为硬胶囊、软胶囊、片剂、粉剂等,我负责片剂、软胶囊的生产。我来汤臣倍健的时候,虽然公司规模不大，但接触面更广了，包括人员管理、生产管理、质量管理，还有厂房建设、设备采购。做过和没做过是两码事，亲身经历了很多，也有很多的挑战。这是吸引我到这里来的主要原因。

（2）落脚、定居、结婚。

10年前到三灶后，我没有打算定居在这里，稍微熟悉了环境后，更觉得自己随时会走。当年我还跟同事说："三灶，鸟不拉屎的地方，真的不能住。"当时公司前面的那条路还没有修建，下了雨就很难走。公司在三灶街嘉富园给我们管理人员租了一套房，在三灶小学那边。没有成家时自己把控的时间比较多，我会在公司加班到晚上10点才离开。由于没有路，每天要走40分钟回住处。有时候早上当散步，会早点来；有时会坐摩托车。当年没有公交车经过这边，交通十分不便。我曾经来红星租房子，后来担心被偷东西——农村稍微差一点儿的房子，被人破门而入是很普遍的现象，我同事曾经就被偷了一台手提电脑。过了半年，公司给我配了车，出入就方便一些了。

我老婆当年也住在嘉富园，偶然机会认识了她。我俩年纪都不小了，觉得对方差不多，就在一起了。认识我老婆以后，2011年我们搬来红星住。现在感觉治安好一点儿了。由于老婆是本地人，汤臣倍健的发展也不错，我觉得这边也不比别的地方差，就定居下来了。

（3）汤臣倍健的发展。

刚来汤臣倍健的时候，第一期厂房面积大概是一亩地，现在已经到第四期，扩展到20多亩。员工从原来的七八十人到现在一个车间100多人，整个公司员工总数达800多人。现在一年的销售额就有几十亿元。公司也上市了。我现在的职位是高级经理。

我们做保健食品，质量一定要放在第一位，做到产品真实、有效才会有人购买。我们现在产品的口号是"所有的原料我们都会选最好的"，宣传里如实地反映产品的功效。去年（2016年）是汤臣倍健成立20周年。很多人想要赚快钱，没有长期经营，但我们公司这么多年走过来，可以说是诚信经营的结果。

公司里红星本地的员工有 20 人左右，经我介绍的都有十几个了，如老婆家那边的亲戚。本地员工的平均年龄要高一些，有 10 个左右 50 岁上下的阿姨负责搞卫生、洗衣服等工作，也有十来个年轻人在车间工作，现在很多车间的人我都不认识了。

清洁工的工资虽然不多，但也有 3000～4000 元，车间的工作正常来说有 5000～6000 元，机长、班长有 8000～9000 元。总体来说，现在公司的要求比以前要高，车间生产基本上要大专以上学历。我们准备成为一家高新企业，所以对学历有要求。但对清洁阿姨没有学历要求，而且是以劳务工的方式，所以我们还要付劳务派遣公司一笔管理费，每个员工多付 100～200 元。

（4）全家生活在红星。

2008 年我来红星租房子的时候，这里没有那么多楼房，空荡荡的，现在基本上都被填了，只有旧村场这一边有田。新村这些年建了很多楼房，全部是私人的，有些没有报批。在建的楼房是红星村与一个外地老板建的，叫福泰苑。红星划一块地，建两栋楼给村民住。现在建的楼全部是那个老板卖出去的。

当年龙塘苑的房价 1000 多元一平方米，10 万元一套房子。以室内实用面积来计算，80 平方米其实有 100 平方米，不包括外面的公摊面积。现在 3000 多元一平方米。这些房子没有房产证，龙塘苑也没有，买来住倒是没问题。整体房价增长没有东咀那边那么快。

我 2012 年结婚，现在有两个孩子，大儿子 2013 年出生，小女儿今年（2017 年）5 月出生。儿子去年（2016 年）开始上幼儿园。我们送他到中心鱼弄那边的幼儿园，感觉那里的设施比龙塘苑的幼儿园齐全，而且都是公办老师，稳定一些。儿子跟我老婆的户口，我的户口也从佛山迁过来了。这些年也有其他公司邀请我去，但走了这么多地方，我已经不是很想动了，不像年轻时爱到处跑。

目前生活还可以，有了家庭，打着一份工，空余时间可以做些自己的事情，不会过度以金钱来衡量工作。但我最不满意的是红星的卫生，我和村长建议过，要把红星村做好，使环境舒适，让村民住得舒服。你看龙塘苑楼梯的烟头、垃圾，一个星期都不扫一次。

红星村确实很少有公共活动。我还没有孩子的时候，会到篮球场打打篮球。到小卖部买水、喝喝茶、聊聊天也会认识一些本村人，但通常只认得脸，不知道叫什么名字，只是见面点点头，问句"吃了饭没有"。

老婆的舅舅、叔叔都住在村里，华强就是她叔叔，其他的亲戚都搬出去了。老婆现在在村委工作，慰问老人家的活动她经历得多，我就没有了。在有孩子之前，她会时不时地跟我讲村里面的情况，现在就很少讲了。不过我会经常在旧村巷子里走一走，我喜欢乡村相对悠闲的环境，不喜欢广州那样的城市环境。有空的时候，我还照看自己养的乌龟，我有很多种金钱龟。

（5）环境和水资源。

关于污染，就是那个药厂排放的臭气、污水。他们做的产品，污染非常大，我们工厂在那个药厂隔壁，它排放的废气非常臭。我们投诉过，但人家是一家大公司，纳了很多税。

我觉得它应该迁去更偏僻的地方，因为它的产品对附近村民的身体影响非常大，特别是年轻没有结婚的，生孩子也变得困难。

红星村喝的水，水质不错，是山塘水。虽然下雨时会浑浊一点儿，但从饮用角度来说总比自来水要健康一点儿。虽然微生物含量未必合格，但是煮开了以后饮用是没问题的。

彭秀定：
我家乡在潮州，我是 1982 年出生的。我来珠海生活已经十几年了，我读完书一出来就在珠海工作、生活。我一开始是在南屏，和老公结婚之后，就到了斗门。我老公是四川人，他是做小工程的。

我不管老公的生意，只在家带孩子。自从2010年大儿子开始读书，我就没有去工作了。以前在斗门也没怎么工作，自己开过一段时间茶餐厅。结婚之后，就没怎么工作了。

我们是2010年来到红星村的。我一来到这里就租了一街27号来住，直到现在还住在那里。这里的人挺好的，比较随和，不管老的少的都不会斤斤计较。村民都很热情，你跟他打招呼，他就会跟你打招呼，来这里很快就适应了。如果有什么事，这里的人都会帮忙。

比如，当时我们来这里才3年，因为我的小儿子是超生的，所以开不了计生证明，我的大儿子读书就比较麻烦。村里负责计生的敏姐人很好，给我们时间从家里开计生证明过来办入学。所以我说这条村人很好，对外地人口也愿意接纳。

住在我附近的人和我像姐妹一样，我们天天一起喝茶。我们建了个"姐妹群"，有时候晚上出来喝喝酒，喝喝茶，吃吃东西，有时一起带着孩子去沙滩玩。

比如，住在你们楼上的刘佩怡（音）搬去她妈妈家住了，今天我们全部去探望了她。红星村这里的人都很容易相处，不像有些地方的人那样提防外地人。

红星村这几年改变真的很大，扩建了田地，建了房子补偿给村民，村里的人变得富裕了。以前很多人都是一家人住在一间老屋里。红星村的发展也会越来越好的，现在计划在后面建水厂，建好之后也会带动这里的发展。

我习惯了住在这里，去年（2016年）都在这里过年。现在为了小孩子读书，基本是在这里定居了。大儿子已经读到初中了，小的那个今年（2017年）9月份也要入幼儿园了。他入幼儿园之后我想找些工来做，好有个精神的寄托，没事做很无聊。

（编辑整理：姚楠）

第七章 作为社区文化行动的村史行动

一、从学术视角看村史行动的意义

什么是村史？编写村史的意义何在？

第一，村庄口述史是普通村民对自己社区的久远历程和当下生活的诠释与体验，也是他们话语权的表现。

从学术上来说，村史是20世纪出现的现代概念，由村民口述史组成，是由个人而至家庭，由家庭而至村落的过程，它涉及村庄的每个角落、每个家庭、每个人，最后汇总成村史①。

以往的历史，多半是帝王将相的精英史，看不见底层民众的事迹。历史的书写权掌握在当权者手中，普通人无权也无力发声，他们被权力忽视，成为被权力表述的对象。因而在过往的历史体系中，不存在脱离权力关系和强势话语控制的来自底层群体自身的叙事或者自在的历史②。口述史的兴起打破了这一格局。口述史"用人民自己的语言"把历史交还给了人民。它在展现过去的同时，也帮助人民自己动手去构建自己的未来③。平民百姓重新进入历史舞台，他们的经历、生活受到关注。他们用自己的语言去阐述、建构、书写历史，他们拥有了话语表达权，出现

---

① 钱茂伟：《口述史在公众社区史编纂中的应用》，见林卉、刘英力主编《口述历史在中国·第一辑·多元化视角与应用》，广西师范大学出版社2016年版。

② 周丹丹：《"昔日的声音是谁的声音？"——读〈过去的声音：口述史〉》，载《中国农业大学学报（社会科学版）》2010年第1期，第196–198页。

③ ［英］保尔·汤普逊：《过去的声音：口述史》，覃方明等译，辽宁教育出版社2000年版。

在历史的中心位置。可以说,"人民性"和"社会性"是口述史最为显著的特征之一,它把更多的目光投向了人民大众[1]。

村史的书写由村民来完成,采用的是"口述—记录"的方式。村民在口述历史的过程中,不仅讲述事件发生的过程,同时也传达了他们对事件和过程的看法,还反映了历史事件和过程对他们产生的影响[2]。所以说,一个村庄的口述史是立体的,是对过去与现在的诠释,是有血有肉的生活重现而不是严肃干瘪的回忆,可以让人从中感受、体验到村民和他们的先辈的喜怒哀乐。

第二,村庄口述史是基础性的社区培力(community empowerment),是社区参与的有效机制,是增进社区关系、产生社区认同感、发掘社区资产的文化行动。

当今的村史或社区史的发轫,可以从台湾的村史运动兴起算起。面对社区认同感缺乏、社区关系淡漠、社区文化流失等现状,台湾各地在1998年实施合作规划,陆续推动、开展"大家来写村史"的社区文化行动,让社区居民通过实际的活动操作和工作参与,去追溯、挖掘、发现和重构关于个人的、家庭的和社区的共同记忆。因此,这样的村史运动不只是一种地方性的文史工作,还具有深厚的社区营造意义[3]。

因此,村史运动可以看作一种基础性的、初步的、朴素的社区培力。一方面,村史作为村民的共同生活经历和共同记忆,是对村庄历史的阐述和诠释。村民通过参与村史书写的过程,可以重新审视家庭、家族和邻里关系,珍惜共同的经历和体验,增进、巩固和发展邻里与社区关系。另一方面,村史的回顾、整

---

[1] 杨雁斌:《论口述史学的社会性特征》,载《郑州大学学报(哲学社会科学版)》2010年第43卷第4期,第9-11页。

[2] 岳珑:《试论口述历史研究的功用与难点》,载《西北大学学报(哲学社会科学版)》1998年第1期,第94-98页。

[3] 洪孟启、洪序:《大家来写村史》;陈板:《村史参与的推动》,均见张淑玫、林欣颖《大家来写村史:民众参与式社区史操作手册》,台北唐山出版社2001年版。

理、书写、编辑过程,也是重新发掘村庄社区资产的过程,有利于激发村民的自豪感、自信心,使之对自己的村庄更加珍视,并更为有意、自觉地保有、维护、传承自己的社区传统习俗和文化精神,增强社区认同感。进而言之,村史运动使断裂和碎片化的社区网络有了复原的可能和契机,能够加强村民之间的有机连接,提供非常有效的社区参与机制,使村民更为关心社区关系的维护、巩固、深化和社区的公共事务治理。再者,村史的探索也会涉及人文、自然、产业、空间等多个层面,有利于增进居民对地方特质的了解和掌握,有利于分析了解地方的人文、生态等资源条件,有助于看清未来的发展方向,发掘社区资产,促进社区发展①。

第三,作为社区文化行动的村史行动,以村民作为行动主角,承上启下,有利于培育村民的历史自觉、文化自尊和社区自信。

2004年,古学斌等人在云南平寨启动"平寨人都来写村史"的行动计划,把村史行动运用于农村社区工作,由社工来策划、推行,试图通过实验性的民众写史运动,尝试在草根基层重建文化自觉和社区认同感,让社区村民通过实际的活动操作和工作参与,去追溯、挖掘、发现和重建自己村落的历史。村史行动不仅是"书写过程",也是文化行动的过程,社工尽可能地把社区的不同群体邀请进来,包括长者、妇女、中年人、青少年,让他们都参与村史行动。老人成为叙述村史的主角,妇女的手工艺再次被看重,青少年作为小记者聆听村寨的历史文化。

村史行动让村民能够更多、更深地理解当地的社区文化内涵,产生保护传统文化的意识和敏感性,培育村民的历史自觉、文化自尊和社区自信。村史行动增强了对本土生活方式的文化价

---

① 陈板:《村史参与的推动》;杨长镇:《了解村史》;张正扬:《村史运动的思考》,均见张淑玫、林欣颖《大家来写村史:民众参与式社区史操作手册》,台北唐山出版社2001年版。

值的肯定，也成为社区发展的重要机制。村史行动还是一种社区文化教育，能让年轻人了解被遗忘的祖辈故事，明白社区的由来。年轻人在聆听长者的讲述中，对上一代有了新的感受并增添了一份尊重，传承了尊老爱幼的传统和诚信宽厚、团结互助、勇敢奋进的优良品德。他们从先辈的开拓、奋斗和村庄的建设史中，更能看到家园的美丽、乡土的珍贵，更能明白社区传统文化的内涵和价值，更珍惜邻里社区之间的声誉和口碑，更加热爱自己的社区①。

在农村社会工作的实务项目中，社工介入村庄社区口述史的行动，不只是写村史，更是一种社区文化行动：通过充分发挥村民自身的力量，共同复兴并繁荣社区文化，为受到工业化、城市化、现代化和全球化冲击的农村社区的发展带来一种新的可能性。

社会工作视角的村史行动是一种文化行动，村史是社工在社区文化中的关注点。社工不仅仅是为了让村民完成村史的书写，也在行动过程中传承社区文化，凝聚社区共识，促进社区发展，为寻找社区持续发展的方向贡献力量。

二、村史行动的历程——缘起、采访、参与动员和编辑整理

村史行动是一个动态的过程，可以简单地将其概括为4个主要步骤：前期准备，包括选题、寻找受访者、考虑人力物力等；村民口述史访谈；资料的整理和编辑；成果宣传及传播②。

---

① 张和清、张杨、古学斌、杨锡聪：《文化与发展的践行：平寨故事》，民族出版社2007年版，第12页。
② 杨祥银：《关于口述史学基本特征的思考》，载《郑州大学学报（哲学社会科学版）》2010年第43卷第4期，第5-9页；陈墨：《口述历史门径（实务手册）》，人民出版社2013年版。

红星村社区口述史大体经历了如下历程：

1. 缘起

2017年5月，红星村农村社会工作试点项目的驻村项目组成员策划了作为社区文化行动的"珠海红星村口述史"行动，以"大家都来写村史"为基本任务，收集口述资料，对村庄历史进行回忆、口述、整理和传承，开展社区文化传播和社区教育行动，以此作为社区工作项目的新议题和重要突破点。

村史是村民自己的历史，是村民和他们先辈的日常生活、亲身经历以及村里一草一木的传说和故事，要由村民自己来完成。因而写村史，首先需要动员全村参与，一起讲述村庄的历史。驻村社工通过宣传、动员、促进、陪伴、支持等工作，开展行动，增强社区认同感，提高社区意识。

为此，驻村项目组专门成立行动小组，成员包括项目督导、项目统筹、专业历史学者和驻村社工等。项目督导和项目统筹负责工作方向指引与项目进程安排。历史学者负责村民口述史采编与文字稿整理。专项社工负责具体任务的执行、落实，宣传和动员村民，联系访谈人，和口述者一起校对稿件等，旨在把村史工作拓展成为社区文化行动。此外，还有几批本科、硕士研究生阶段的实习生，参与协助和配合村史行动的相关工作。

村史不仅具有历史性，同时也具有社区性。驻村社工与历史学者一方面从村史编撰的原则出发，注重专业视角和社区文化行动的整合——既从历史维度出发，收集村庄历史资料，又从社区工作角度出发，开展文化行动。

更要强调的是，村史行动的过程一方面是与村民建立信任关系的过程，社工与村民协同前进；另一方面也是文化行动的过程，要通过保护、传承本地文化，达到以文化复兴社区的目标；同时更是一个社区参与的过程，要动员村民一起参与，共同完成村史的书写。

2. 采访

2017年7月初，村史项目全面开始。驻村社工首先需要做的工作是动员村民来讲述个人、家庭、邻里、村庄的故事，编写属于自己村子的历史。

"我觉得找人是特别顺利的，因为一开始就确定了3个群体，而且我们之前做服务的时候遇见了一些人，了解哪些人比较有经历，知道得比较多，还请村委帮忙，让他们推荐，所以我觉得没什么困难。"（朱超红）

最初的口述历史资料收集采编阶段，是以时间轴为主线，让村民讲述个人、村子的故事，通过整理村民的录音，进行资料整理、编辑。

项目组动员到的村民年龄跨度大，从30多岁到80多岁都有，访谈时间短至一小时，长至两小时或以上，初次访谈资料整理后，再对村民进行回访，经历丰富的村民需要回访好几次。

村民在受访中更多的是把访谈看作一个大家喝茶聊天的过程，聊天的氛围很轻松，对村里的人物关系、利益关系都会比较自然地提及，在讲述过去集体劳动时期、改革开放时期的事情时，都可以得到很好的回应。

3. 参与动员

村民、社工、历史学者、村委会共同努力，村史一步步成形，让大家深切地感受到村史行动中村民、社区以及社工自身的变化。项目组在讨论中认识到："村史座谈会的目的，不仅仅是邀请大家一起坐下来讨论村里过去的历史，更多的是在对过去的回忆中，促进村民之间的交流，加深现在的邻里关系；同时也让村民加深对村史的认识，了解它的意义，激发其兴趣，使其自发地参与其中，宣传村史并动员其他村民参与，也为后期村史资料的宣传、利用工作做铺垫。"

在村史行动过程中,发生了很多让人印象深刻的事情,村民由开始的"与我无关""没什么可讲"的态度,慢慢转变为关注、重视并主动去说。我们感到,正是村史行动本身促成了这个转变,并对全村的人产生了正向的影响。

84岁的吴华发核对口述内容,自己手写了4张白纸的内容,对村子的早期历史进行补充。满满4页纸的内容,有条理,有逻辑,字迹工整清晰。他说,"当时想到一点儿讲一点儿,内容有点儿乱,就重写了"。头发花白的老人戴着眼镜专注修改的场景,特别能打动人。

在跟郑秋相征求口述史出版同意时,他觉得自己讲的内容对这个村的历史作用不大,对公开自己的内容表示犹豫。恰巧有个村里的小孩向他询问以前的事情,表示对村里以前的故事很好奇。郑秋相沉默了一会儿,他一开始觉得下一代人不会对村史感兴趣,但这个小孩的表现让他改变了想法。他说:"我把稿拿回去修改,过两天再送过来。"两天之后,稿子上的批注满满当当,特意跟我们说哪里时间顺序不对,哪里需要修改。

4. 编辑整理

村民口述历史的采编过程,工作量大,尤其是录音资料的文字整理,以及对村民的回访。

整理成初稿后,项目组动员村民参加村史座谈会,一起讨论村里曾经发生的大事件,争论、澄清、确认事件的时间和主要脉络。村民、村委会代表、全体项目组成员热烈讨论,对内容进行修改,并再次编辑。然后摘出、打印村民个人讲述的内容,由社工和村民进行核对、修改,并征求村民同意将口述资料公开。然后再进行调整,编辑排版,如此反复。

2017年9月17日,社工邀请参与过村史项目的村民召开村史座谈会,村党支部书记、原镇党委书记、村主任也都到场。会议由督导老师主持,大家一起针对红星村的重大历史事件进行讨论，回忆过去，求证具体客观史实。会议上大家讨论得很热烈，对大事件有争议，无法达成一致的，最终保留各个不同的版本进行阐述。会后，督导老师提出推广、宣传村史，号召在座的村民及其家人一起加入，村民热情地附和。郑秋相说："这个很有意义，可以给后代看看我们的经历，看看祖辈们是怎么过来的。"

三、社区文化行动

1. 通过村史行动梳理自己的人生经验

村史行动赋予村民书写的权利，由村民自己来建构村庄的历史，也促使村民重新思考自我的地位、能力以及价值。书写村史时，村民可以从自己的角度去诠释，他们的个人经历是村史资料的重要来源，这促使村民意识到自己的主体地位。尤其是对代耕农与外来务工者来说，参与村史的书写，可以让他们意识到自己也是村里的一员，也可以参与社区公共事务，淡化外地人的标签，逐渐提升自己作为社区居民的主体意识。村民在回忆、讲述自己经历的同时，其实也在重新梳理自己的人生经验，审视与家人、邻里、社区的关系，寻求共鸣与肯定，提升对自我的认识。

对参与村史书写的社区长者来说，回忆人生经历是一种对过去的"治愈"，是重新寻找生活意义的过程，也能让长辈们意识到他们的人生阅历将对后代产生重要影响，意识到自己的回忆和叙述是有价值的，可以为社区、后代尽自己的一分力。针对长者的工作，是从村史、文化风俗等出发，开展相关文化活动，动员长者参与到村史书写与讨论中。社工为长者群体开展了"长者放映会"，以放映老影片、农业历史纪录片等为主，把老人聚在一块，开启长者对过去的回忆，使其讨论过去的事情，梳理丰富的人生经验，为后期村史和社区文化传播做准备。

针对妇女群体的工作计划，则是"动员大家一起来讲故事，讲述过去的生活、家庭、农业等"。村史行动增强了女性的主体意识。在农村，受传统思想的影响，女性的地位较低，她们鲜少有机会表达自己，而村史行动给女性创造了机会，她们可以大胆地说出自己的故事。社工通过开展女性自信工作坊，让她们更加正确地看待自己，由内而外地提高自信心，使其坦诚地表达自己。社工在妇女活动中插入座谈的环节，让大家一起聊以前的事，强调更多地倾听女性的声音，让女性分享自己的故事。项目组在讨论之后确定了8个主题：①家庭劳动分工，包括家务和生计；②妇女时间的分配，业余休闲时间做什么，职业女性业余是否学习技能等；③教育小孩的经验，可以进行中青年教育方式的对比、孩子不同年龄段的教育方式的对比；④生活技能、技巧，如煲汤、做菜、保健、维护环境和卫生；⑤家庭关系，如夫妻、婆媳、妯娌、叔嫂关系；⑥女性自身健康，经期、孕期、产期、哺乳期，保健措施和认识；⑦学历教育，她们自身的学历和成绩，以及影响她们教育程度的因素，还包括她们的子女情况；⑧个人故事，包括婚姻、老人参加集体活动（同工同酬、同工不同酬）、女性从家庭出来劳动。

针对青少年群体，也开展了主题为"我们都是龙塘的孩子"小组活动，一起探索村里的一草一木，以自己的行动为老人祝福，和小伙伴协同合作等，增强青少年对村庄的了解和认同感。

2. 公共厨房与社区公共空间的开发

村史书写的完成并不是结束，而是工作新的开始。村史不能仅是一个文本，需要去弘扬、传承它的意义，实现社区文化教育、居民意识提升，共同营造更美好的社区生活。驻村社工进一步开展社区文化行动，开展各项服务活动，聚集人气，建立社区关系，动员村民参与活动。

村史行动中，社工针对不同的群体举办了很多社区活动，地点大多设在社区厨房——"众爱公共空间"。村民渐渐地对社区的公共空间有所了解。社工邀请村民在公共空间聚会、聚餐，增进彼此的关系，鼓励大家主动使用社区厨房。社工和青少年、妇女、长者一起建设和运用公共厨房，开发社区公共空间，开展美食、手工艺制作活动。村民开始自发地组织聚餐，发掘村里的传统文化和各种资源。人与人之间的交流互动在增多，本村人与外地人之间的隔阂在减少，标签在淡化。

村民慢慢地把社区厨房当作是整个社区的，大家都可以使用。现在社区公共空间基本是社工和村民一起使用和管理。村民开始主动向社工提出适合在公共空间开展的活动内容，在使用的同时也注意爱护公共空间，社区厨房的柴火用完了，大家会提议去哪里捡木柴，活动结束时会主动参与打扫卫生。村民意识到社区的公共空间属于大家，每个人都有权利和责任使用和爱护红星村社区公共空间——不论是住在新村还是旧村。从村民自行组织在社区厨房聚餐、做美食、捡柴火等社区活动中，我们可以发现：村民的社区主体性在慢慢提高，社区意识在慢慢增强——在享受社区公共空间使用权利的同时也有打理空间的义务。

3. 发展社区自组织，推动社区文化的教育、传承和复兴

群体活动的开展，不是为了活动而活动，而是为了完成推动社区文化复兴和社区自组织培育等社区发展的使命，具有社区营造的价值意义。社工从文化入手，让各个群体参与行动，保护、传承社区文化，与村史行动进行契合，把村史现有资料利用起来，达到复兴文化、推动社区教育的目的，营造社区良好氛围。督导老师说："活动目的是实现社区教育，从青少年群体入手，利用村民口述史资料，把故事在众爱（社区厨房和社区公共空间）讲起来，之后把讲故事的人变成社区讲师。同时依托社区厨房，提供聚餐地点，恢复本地饮食文化习俗，进行社区文化复兴。借由村史行动，开座谈会，把大家聚在一起进行讨论。之后

的计划就是希望把这个村史完善起来，最起码把它印刷出来，印刷出来之后肯定要传承。现在文本已经出来了，要尽量使文本更加完善，让写出来的文本变成教育的内容，在公共空间传播。通过一起写村史，我们发现了一些文化达人，希望利用好这些文化达人，开展类似于'爷爷奶奶的一堂课'的活动，找老人给小孩子讲故事。"

郑秋相还建议："要搞一个像图书馆一样的村史展览室和宣传传播活动室，大家有空就可以去看。把里面的故事简化一下，使之适合小孩子看，这么厚的不适合小孩子看。"

社工也一直坚持开展社区文化活动，着力对村史文本进行开发利用，以村史作为工作的一个切入点，凝聚社区力量，将大家组织起来，为筹备社区自组织、社区学堂做铺垫，培养社区史讲师，使村史"活起来"。首要的工作便是培养村民自我组织的能力，这是社区工作的重要目的，也是村史行动后期社工一直努力的方向。

社区下午茶活动，以亲子的方式增进妈妈与孩子的交流互动，同时也借此拉近各个群体的妈妈们的关系。活动开始时由社工策划、准备、开展，活动内容与形式开始时由社工自己设想和实施，在开展一两次活动之后，则动员村民自己来策划活动内容。渐渐地有村民开始提议活动内容，社区妈妈开始把自家的东西带过来和大家分享。莲姐自创的腌萝卜受到众人欢迎，她还把秘方教给大家。之后又有村民提议聚餐，大家一起生火做饭，私下也相约几个姐妹去逛街、买菜。妈妈们之间的联系越来越多，关系也逐渐拉近，"外地人""本村人"的标签开始淡化，遇到一些困难时，提出来，大家一起提建议。妈妈活动开始有稳定的成员，她们自行组织活动，开始出现积极、有领导力的组织者。

青少年活动也是如此，最初由社工主导，慢慢变成青少年自己动手设计，甚至自己独立开展活动，社工则只起一些辅助作用。总之，培养村民的主体意识，引导形成村民组织，以村民自身的力量去推进活动,才能让社区文化行动长久发展下去。因此,要动员村民参与以村史行动为切入点的社区文化行动,以让村民保持热情,直至村民把村史和社区文化的传承当作自己的责任与义务。

四、社区文化行动拓展——"鱼林古法蚝油文化节"

2017年年末,《珠海红星村口述史》初稿采编完成,绿耕驻村团队总结出红星村社区文化行动的初步经验:

红星村农村社会工作试点项目文化行动经验初步积累

·文化行动理念与策略

可持续文化行动策略:口述历史、文化保育、社区认同、社区参与、社区共治。

·文化行动的整合方法

人类学、历史学、社会学等专业的田野研究方法和社会工作、社区工作行动方法。

·文化行动主体

村民(在籍或非在籍)、社工团队、专业口述史工作团队(前期驻村采编)、正式组织、非正式组织、合作伙伴组织……

最能体现社区文化行动,而且各方面都产生了良好影响的一项行动便是"鱼林古法蚝油文化节"。红星村所属的行政村——鱼林村背山面海,有约10千米海岸线、约20000亩滩涂。鱼林村早在19世纪末20世纪初就有养蚝和生产蚝油的活动,20世纪60年代鱼林蚝油远销香港等地,形成了鲜明的社区渔业文化特色。然而,随着经济生产方式的转型,鱼林的蚝油产业已经衰落,蚝油文化式微,而且集体经济组织的退场、自然环境的破坏等,也给鱼林村的社区文化可持续发展造成了极为不利的影响。

基于以上背景，在中共珠海市金湾区委政法委员会、三灶镇人民政府的指导下，鱼林村村民委员会和驻村社工联合红星村开展了"鱼林古法蚝油文化行动"，旨在将口述史文化行动经验和成果推广至鱼林村古法蚝油文化的保育事业中，探索社区生产和生计文化下的"文化保育、村民自组织、乡村生计发展"的可持续发展路径。

如何将红星村社区文化行动的经验运用于"鱼林古法蚝油文化行动"？工作团队达成的共识是：将蚝油文化最原本、最真实的面貌尽可能地呈现出来；以"口述文化"为行动方法，通过口述方式挖掘并再现古法蚝油文化；以折页、传单、微信公众号推文、纪录片等形式，直观呈现蚝油文化；推广"鱼林古法蚝油文化节"，打造品牌，提高社会参与度；培育形成"鱼林古法蚝油守艺人"组织，持续挖掘传统技艺和文化，并推动其成为文化行动的主导者。

第一届"鱼林古法蚝油文化节"暨《珠海红星村口述史》初稿发布会于2018年2月4日在红星村举行，包括6个步骤。

1. 口述文化与历史（文化挖掘与再现）

首先是探访"鱼林古法蚝油守艺人"，入户探访有蚝油熬制经验的村民并向受访者介绍工作目的和愿景，初步达成合作共识。由3位有专职熬制蚝油经验的长者担任"鱼林古法蚝油守艺人"，另外几位有协助熬制蚝油经验的村民也加入了守艺人团队。

其次是情景化口述史的采编——"鱼林古法蚝油守艺人"以传统技艺熬制蚝油，社工以陪伴的方式与守艺人进行情景化访谈。从打灶、洗锅、种蚝、打蚝、开蚝、炖蚝油到晒蚝干，以期还原"本真文化"。

最后是专题纪录片《古法蚝油复活记》的拍摄制作。纪录片的拍摄过程与口述过程同步，即口述访谈和纪录片拍摄同时进行。纪录片由《南方日报》珠海新闻部进行拍摄。

2. 活动策划与前期宣传

第一届"鱼林古法蚝油文化节"由中共珠海市金湾区委社会工作委员会、三灶镇人民政府指导，鱼林村村民委员会、广东绿耕社会工作发展中心主办。活动筹备过程中，召开了两次统筹会，以确保活动顺利开展。

活动前期宣传由绿耕驻村社工、鱼林村村委、社工委、《南方日报》珠海新闻部等协调进行，对活动进行提前宣传和预热。

3. 参与式古法蚝油生产

开蚝、炖蚝油、晒蚝、装瓶——整个过程都由守艺人和村民主持和参与。开蚝地点在榄坑村，由有开蚝经验的村民集中开蚝。煮蚝和晒蚝干的地点在红星村地塘，大量村民自发来到现场观看、交谈甚至直接参与协助。许多长者听闻要熬制蚝油特意前来"怀旧"，年轻村民则表现得十分好奇，希望了解更多。蚝油文化激起了村民对过往的回忆，唤起了村民对家乡的认同感，增进了外来人对社区的了解。

4. 体验式古法蚝油制作与社区活动

2018年2月4日，首届"鱼林古法蚝油文化节"暨《珠海红星村口述史》初稿发布会在红星村地塘（篮球场及其周边空地）举行（如图7-1所示）。现场设置了体验式摊位，包括开蚝、煮蚝、晒蚝、品尝、文化长廊等摊位。活动吸引了200余位市民来到现场参加活动（珠海市其他区镇也有很多人慕名而来），观看熬制蚝油的全过程（如图7-2所示）。

第七章 作为社区文化行动的村史行动

图7-1 首届"鱼林古法蚝油文化节"暨《珠海红星村口述史》初稿发布会

图7-2 村民参与古法蚝油制作之晒蚝

5. 古法蚝油义卖与后期宣传

鱼林古法蚝油和蚝干，除了现场义卖之外，还进行场外售卖，收益纳入"鱼林社区公益基金"。《南方日报》珠海新闻部等新闻媒体对活动进行了后期宣传。

6. 总结与规划

2018年2月6日，第一届"鱼林古法蚝油文化节"总结会在鱼林村村委会议室召开。会议总结了这项社区文化行动的经验：提前启动活动准备工作，资金需要提前筹备到位，联合多方新媒体单位共同策划活动，提前熬制蚝油并采用蚝油预订的生产销售策略。

工作团队还规划了第二届"鱼林古法蚝油文化节"的筹备工作，将鱼林古法蚝油文化行动与红星村社区公共空间打造工作进行整合，对鱼林古法蚝油文化进行进一步的深度挖掘与保育，逐步将口述史行动覆盖至鱼林村辖下的6个自然村，义卖收入作为"鱼林社区公益基金"，探索培育社区生计发展合作社品牌。

作为一项具体的社区文化行动，"鱼林古法蚝油文化节"从筹划、实施到总结规划，是基于社区文化可持续的理念来推进的，其在社区营造、文化保育、生计和产业探索、社会参与、社区自组织和社区治理等方面都具有非常重要的探索性意义。

五、社区文化教育传播——社区导赏

作为社区文化的保育者和推动者，驻村社工一直努力探索社区文化能够被看见与重视的途径，并借鉴经验，从社区特色建筑着手，尝试推动社区导赏工作。总体逻辑是：确定导赏人员（村民）—前期规划导赏路线—陪伴导赏员挖掘导赏内容—反复练习导赏线路—社区导赏员开始工作—优化导赏路线和内容。

1. 寻找社区导赏员

社工发现，村民中有几位妇女对红星村的旧貌、历史等有较多了解，也能很生动地讲述自己的故事，适合作为社区导赏员的人选。考虑之后最终确定的社区导赏员是彩群阿姨、惠娟姐和菊姐。

彩群阿姨在社区活动中十分活跃。大家一起看社区旧物时，她拿着农具讲解了许多："这个是以前装糖用的，这个棍子是配这个锯子的……"她很有想法，也十分愿意表达。社工向彩群阿姨表示，希望邀请她为即将来培训的人介绍红星村。她一开始推托说自己不会讲，没有什么文化。社工继续动员说："我们村子里其实有很多可以介绍的地方，但是现在很多人都不知道，如果您能讲一讲，让更多人知道村庄的故事，那后代子孙就会对村子有更多的认识，而且我们可以在讲的时候陪着您。"最后在社工的鼓励下，彩群阿姨成为第一位社区导赏员。

惠娟姐是红星村妇女主任，作为村委干部，她非常支持我们的工作，也热情参与到社区文化行动中。她的参与更有利于拉近社区工作项目与村民之间的距离。菊姐是社区积极分子，一直积极支持并参与社区工作项目，与社工非常熟悉。她们都很爽快地答应了做导赏员。

2. 成为社区导赏员

社工为社区导赏工作做了 3 个准备：一是根据口述史和走社区发现的情况，梳理出红星村可以作为导赏的大概内容，分别是村庄名字的变化脉络、红星村的由来、圣母庙、庙井、石屋、后田、地塘、粮仓等；二是找了一些香港的湾仔蓝屋项目的导赏员介绍视频做参考，让大家明白社区导赏并不困难，主要是讲自己和社区的故事，将其分享给更多的人；三是提前联系导赏员开会培训。

珠海红星村口述史
——一个南海边陲工业化村庄的变迁

2018年8月14日晚,第一次社区导赏小组会议召开。3位导赏员来到众爱社区厨房,正式开始社区导赏的第一次会议。社工介绍了组建社区导赏小组的缘由以及意义,即希望有更多的人能够看到社区历史文化。而导赏与导游的区别,是要结合社区历史文化,讲述自己记忆中的故事。例如,石头房是如何建造的?——"以前的大石头是从山上滚下来的,或者用木制的独轮车运送下山。'骑石'就是用肩膀把石头扛下来。""以前没有水泥,没有钢筋,盖石头房需要用很粗的绳子把石头两头拴住,然后吊着一层一层地往上垒。""用沙子做模。"

会议还讨论了导赏员使用方言还是普通话,是否需要脱稿讲解的问题和顾虑。最终决定,彩群阿姨用粤语讲述,惠娟姐和菊姐用普通话讲述。社工还介绍了作为导赏员需要注意的事项——整理导赏的文本素材、学习导赏礼仪、实地练习、制作导赏地图等,大家都表示无异议。

接着,社工与导赏员以及其他村民共同制订社区导赏路线。社工将提前准备好的预案抛出,和村民共同讨论,使其变得丰富和完善,并最终确定了导赏的主要内容:圣母庙、庙井、粮仓、石头房、地塘、后田。

最后共同讨论分工的问题,分配并协调社区导赏路线。彩群阿姨对圣母庙、庙井和粮仓比较熟悉,由她重点讲述这些地方,完成文化口述内容。惠娟姐对每个地方都有一些回忆,也可以做口述。其他需要补充和完善的内容,则再去寻找相关村民进行补充。

会后社工约彩群阿姨访谈,确定导赏讲解的内容。请她详细地讲了圣母庙里的神像、从前拜圣母庙的习俗、圣母庙对村民生活的意义、红星村划龙舟的历史、庙井的作用等。彩群阿姨的思路十分清晰,对习俗文化非常了解。她说:"我是土生土长的龙塘人呀!我自小在龙塘长大,这些当然清楚。但是我没文化,讲得很乱,到时候也不知道怎样讲。"

访谈后社工整理录音，梳理出第一份导赏的文本，与彩群阿姨逐字逐句地阅读，一起商量如何表达比较合适。在共读讨论过程中，彩群阿姨补充了更多的细节。如庙井的部分，"以前挑水，一天要挑四五担，挑水回来开始煮饭，然后要背着衣服到坑里去洗"。当讲到"牛郎大哥"的部分时，我们不知道怎样表达会更清楚，彩群阿姨主动说："这样说吧：以前我们这里的田很多，需要很多牛犁田，放牛的地方就在那座山上，要在那边拜'牛郎大哥'，后来大家不耕田了，就把'牛郎大哥'迁回来，在圣母庙里拜。这样说就可以啦！"我们十分佩服彩群阿姨的语言组织能力，虽然彩群阿姨经常说"我不会""我不懂"，但她其实非常会讲，也许这与彩群阿姨曾经担任过妇女主任有关。

在对惠娟姐的访谈中，她讲述了许多童年趣事——在地塘学骑单车，和朋友一起相约到山上割芒草，到后田的果园摘野果子吃。她还讲了儿时劳动的艰苦——因为父亲不在家，姐姐身体不好，她需要承担更多的活儿，所以后来她很努力地读书，想摆脱这些劳动。

接着是踩点练习。社工与彩群阿姨在圣母庙实地走了一遍，彩群阿姨表现得非常自如，说得很流利。在踩点过程中，彩群阿姨又不断补充了新的细节。惠娟姐绕着地塘和后田走了一圈，又重新梳理了一遍逻辑，也逐渐熟悉导赏内容了。两位导赏员的讲解并不需要担心，这是她们自己的故事，而我们只需要给予陪伴和鼓励。

3. 第一次亮相

2018年10月11日下午，第一次亮相的时刻终于到了！两位导赏员提前半小时到达指定地点，拿到的导赏手册上印有她们的名字。社工帮她们戴上"社区导赏员"的牌子，再佩带上扩音器，看起来像模像样。但看得出来，她们都很紧张。

外面来的参访者根据引导，分成两个组：普通话组和粤语组。粤语组跟着彩群阿姨，普通话组跟着惠娟姐。彩群阿姨给学员简单地做了自我介绍后，就带着大家前往圣母庙，在路上大家不断地跟她聊天，彩群阿姨都落落大方地回答了。到了圣母庙后，她按照原来的设计逐一给大家讲解，过程中彩群阿姨虽然有点儿紧张，但结束后大家都夸她讲得很好。彩群阿姨还是说："我不会讲，讲得不好，还是谢谢大家了！"大家能感受到彩群阿姨被称赞时的快乐。

惠娟姐也笑着说："讲得很不好，我有很多都忘记了，然后不断有人问我问题，我就忘得更厉害了。"话虽如此，但看得出来惠娟姐很享受这个过程，相信下次她会做得更好。

陪伴村民导赏员的过程让社工看到了社区的"光"，住在红星村的每个人都有属于自己的与红星村的故事，有人愿意走出一步，说出来，相信以后会有越来越多的人愿意分享。

4. 社工的工作体验

在制作导赏手册的时候，社工写下了导赏项目的愿景："龙塘社区导赏项目致力于培育本土社区导赏员，让导赏员讲述村庄与自身的故事。在此过程中，导赏员与社区联结的过往不断被回忆与呈现，加深了其对社区的感情。同时倾听者能更多地认识这个村庄，并在村里人的经历和感受中反观自身生命，让生活变得更有意义。"

这也是社工在陪伴导赏员的过程中的真实感受：要介绍村庄与自己的故事，需要导赏员不断地回到过去的场景中。他们会想起当时与自己接触的人，想起自己曾经经受的痛苦与快乐，想起自己的奋斗与收获。这对导赏员自身来说也是很重要的，是对自身生命的一种回溯和重构。有些东西需要重新审视和面对，这样或许能在过往中找到自己现在的状态的答案。

六、社区教育的"种子"——青少年主持人

作为文化传承的"种子",青少年是驻村社工工作的重点对象。青少年社区工作是红星村农村社会工作试点项目的主线之一。将青少年社区工作向社区文化行动和社区教育推进,是驻村社工探索和实践的目标。

青少年社区工作的重要途径之一是开展社区教育。3年来,驻村社工通过社区博物馆、社区厨房等公共空间的参与打造和使用,以及各类社区活动的开展,推进青少年的社区教育工作。然而,这是一个漫长且需要扎实基础的工作,如何持续地推进青少年社区教育,是需要一直探索的议题。为此,社工从青少年主持人培育切入,对青少年进行能力培养,以此为后期持续的青少年组织培育和社区教育做准备。而在下一步,以青少年作为社区发展的重要力量,充分发挥青少年的主体性,培养其身份认同感和社区归属感,则显得尤为重要。

1. 整合青少年社区活动

驻村项目一直都在开展青少年社区工作,主要以社区活动和小组活动的形式进行。社工逐渐探索完善青少年主持活动的工作模式,利用青少年主持人的放学时间与其共同讨论活动内容,并且从最初只与青少年个体联系,逐渐发展到"入家庭、进社区",邀请青少年主持人及其家长一起参与讨论,再以社区公益活动的方式开展社区活动。

2018年9月至2019年1月,共有6名青少年参与了主持工作,这6名青少年主持人实行搭档制,结合社区公共空间打造以及敬老爱老文化传统等内容,组织并开展了6次青少年社区活动,分别为"小仙女织布课堂""我是小小海报制作家""美食志愿服务活动""暖心小天使""成长中的爱""我为龙塘文化活

动中心添家当"。与此同时，这6名青少年主持人也担任了元旦晚会的主持人，与其他村民、社工同台主持2019年红星村元旦晚会。活动开始前，社工会与青少年主持人一起准备活动物资，走村入户宣传青少年社区活动，排练活动流程并布置活动场地。活动结束后，社工会与青少年主持人一起召开活动总结会，让他们回顾自己的收获和成长经验，反思、优化下一步的行动。

2. 青少年主持活动模式的具体过程

（1）活动前期：报名、讨论、策划、宣传、筹备、布置。为了真正实现青少年"自己的"活动，也为了培养和锻炼青少年的能力，社工会在下一次活动筹备之初，询问青少年是否愿意自己策划并主持活动。如果一周有好几名青少年报名想要主持活动，社工会按照他们报名的时间先后顺序，排出他们主持活动的日期，并记在公共空间的大白纸上。一般情况下，青少年主持活动可以分为一名青少年主持活动和多名青少年共同主持活动。

确定好本周的主持人后，社工需要提前与这名青少年主持人沟通活动内容。社工根据青少年的时间，前往学校接青少年主持人放学，在与青少年主持人一同回家的路上，社工便可以与青少年主持人谈论这周活动的内容，这样既不影响青少年的正常安排，又可以充分利用时间。然而，由于距离有限，这段时间并不足以深入细致地讨论活动内容，社工会提前与青少年主持人约定时间再进行详细讨论，地点则选择在他们熟悉的地方，如家中等，这样也比较容易与青少年家长建立联系。若是多名青少年，则需要分别约定时间进行讨论，再共同进行讨论。社工入户，则会与家长建立联系，这也是青少年带动家长的第一步。

社工选定讨论时间，要以不耽误青少年主持人的学习为前提。社工与青少年主持人讨论活动内容的时候，最好邀请青少年主持人的家长一同参与。社工在与青少年主持人讨论活动内容时，要多听青少年主持人的想法，可以启发但不能由社工决定活动内容，要给予青少年主持人鼓励与肯定，让他们敢想、敢说、敢表达。一般青少年主持人能够想到的都是游戏，但我们要跟他们强调，做活动和玩游戏是不一样的。游戏只是一种形式，重要的是主题和目的，要围绕主题策划具体活动环节。青少年主持人每想出一个活动内容，社工最好让他们将自己对活动内容的想法写在社工的工作笔记本上。这样不仅能够减轻社工的工作量，因为青少年主持人所写的东西基本就是策划书里的活动内容设计了；同时也可以体现青少年主持人的主体性，使他们对主持人的身份更加认同。最后，与青少年主持人一起准备活动所需物资。

当多名青少年主持人共同进行活动讨论时，社工要多一点耐心，尽可能地听他们讲。社工要乐意倾听他们的想法，多肯定他们的想法，多鼓励他们，给他们空间和时间去思考一些东西，而不是向他们灌输自己的想法。社工要与青少年主持人共同完成内容的构想，要照顾到每一名青少年主持人，尽量让每一名青少年主持人都想出一个活动内容。这样他们会觉得更有参与感，因为这是他们自己想出来的东西，他们会更愿意去做，也更加明确应该如何去执行活动内容。此外，在送青少年主持人回家的路上，也是社工与青少年主持人建立亲密关系的良好时机。

讨论后，社工撰写活动策划书。这时写活动策划书就比较简单了，因为活动内容设计部分已经和青少年主持人讨论出来了。

写完活动策划书后，社工将策划书发到群里，让社工伙伴给出建议。社工再根据其他社工给出的建议，相应地修改策划书。

活动的宣传分为线上宣传和线下宣传。线上宣传为社工提前一天（活动是定下来的，提前一天提醒）在微信群里发布活动公告。社工编辑活动公告的时候，最好能够囊括青少年主持人的名字以及活动的主要内容。线下宣传为社工与青少年主持人走村入户宣传活动。入户宣传的方式更加精准有效。

活动开始的前一天晚上，社工在活动场地与青少年主持人一起准备活动物资。建议将策划书中活动内容设计的部分打印出来

(有几名青少年主持人就打印几份),让青少年主持人更加熟悉活动流程。活动物资准备完毕后,社工和青少年主持人约定活动当天提前到达活动场地,一起打扫并布置活动场地。最后,社工仍然要将青少年主持人送回家,每一次与青少年主持人的接触都会增进与青少年主持人的感情。

活动开始之前,社工与青少年主持人一起打扫并布置活动场地。活动场地布置完后,参加活动的青少年也会陆续到场,社工提前安排青少年主持人组织签到。

(2)活动现场执行。青少年主持活动时,需要社工进行开场发言,对大家表示欢迎及感谢,然后向大家介绍本次活动的青少年主持人。之后,社工将舞台交给青少年主持人,让他们做自我介绍。在活动前期讨论时,社工需要跟青少年主持人讲明做自我介绍的时候可以多说一点儿,让大家能够对青少年主持人多一些了解。在开展活动的过程中,社工不要干涉太多,尽可能地将舞台交给青少年主持人,等他们需要社工从旁协助时,便进行协助。例如,青少年主持人忘记活动流程时,社工可以给予提示;青少年主持人没有将活动内容、游戏规则等内容说清楚,参加活动的青少年也没能理解时,社工可提示青少年主持人说得更加清楚一些;涉及活动中需要分组完成的部分,社工可以协助青少年主持人一起分组,尽量做到让每一组的势力都均等,并让每一组的组员选出一名队长,队长要起到带头作用。总之,社工要给予青少年主持人支持与肯定,尽量不要让他们受挫。

(3)参与式总结。参与式的总结主要分为4部分,分别是:活动结束后社工与青少年主持人以及参与活动的青少年开展总结会;社工与青少年主持人开展总结会;社工内部开展活动总结会;社工撰写活动过程记录和活动总结,并交由相关负责人进行批注,接着社工再进行回应和修改。

回顾青少年主持活动模式的具体开展过程,不难发现青少年主持活动时,社工的精力主要花费在与青少年主持人一起讨论活动内容以及与青少年主持人的沟通交流上,其真正用意在于培养他们的能力与主体性——这是他们的社区,应该由他们来做主。与此同时,这也有利于促进青少年及村民对社工的理解,社工也能够与青少年主持人有更多近距离的接触与交流。最重要的是,让青少年主持人有身份认同感,进而有责任感,从理解活动主持人的责任与意义开始,逐渐意识到自己对社区的认同与责任。

七、社工走向"前台"——社区文化行动的反思和体验

陈曦(项目督导):

2015年夏天,绿耕红星村项目应运而生,我与这个项目开始共同成长。汗水、泪水、迷茫、困境、痛苦、喜悦和释怀……在日月轮回的见证下,我们走到了今天。

项目伊始,结合红星村人口构成的特点,项目定位于挖掘社区文化,改善社区关系,增强村民的归属感与认同感,推动幸福美好的社区发展。社工零零散散地挖掘村落文化,却很难有大的突破。2017年3月,红星村口述史项目应运而生。当时,督导老师们与前线社工团队共同评估并确认之后,我们邀请有丰富口述经验的伙伴共同合作,最终决定,邀请专业历史学者承担口述的主要采编工作,驻村社工配合口述采编。同时从现有工作基础出发,推动社区文化行动(如图7-3所示)。

对于农村社区工作项目而言,口述史的意义不仅包括历史学的记录、传承,我们更关注口述史对社区关系的推动、对社区发展的影响。通过口述历史,社工与村民之间、村民与村民之间的关系更加熟络,村民对村落历史的了解、认同不断加深,对社工也更加认可与肯定,对项目和社区活动的参与度更深,同时还能看到本地人与非本地户籍的村民更多更好地融合的可能性。

然而,红星村口述史的采编和整理,对推动社区文化、改善

珠海红星村口述史
——一个南海边陲工业化村庄的变迁

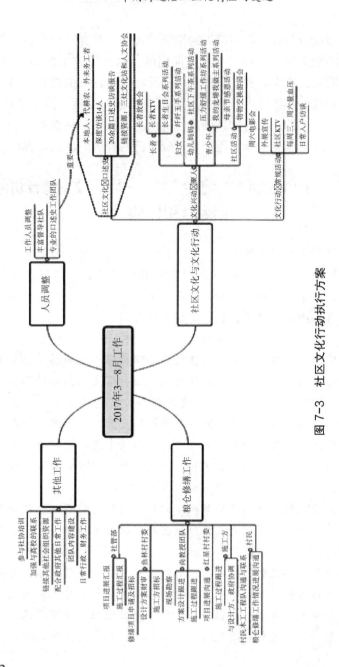

图 7-3 社区文化行动执行方案

222

社区关系的影响,还只是开始。自村史行动展开以来,社工努力探索不同的工作形式,尝试不同的媒介,希望将社区教育与村落历史有机结合,推动社区发展;成立社区厨房小组、社区导赏小组,培育社区讲师,打造红星村社区博物馆和社区学堂,组织整合社区活动——我们深刻体验到,只有将村落的社区文化与村民的日常生活联结在一起,历史才会更有温度,生命才会更加鲜活,关系才会更加和谐。我们还需要进一步将口述史资料与村民的日常生活有机结合起来,更深入地挖掘社区教育与社区组织资源;运用不同的活动形式,将社区文化生动活泼地呈现出来,让社区居民能直观地"看见"并热情地参与其中;在资料收集、活动组织、社区教育、村民互动、城乡联结等多个环节继续努力,进而探索建立包容性社区共同体的可能性。

"铁打的营盘流水的兵",3年多来,数十人为红星村项目的发展贡献了自己的力量。社区文化行动同文化一样,需要积累与沉淀。感恩一路走来所有同行的伙伴,那些酸甜苦辣的故事,早已在生命中烙上深深的印迹;感恩始终支持我们、包容我们的村民、村民小组、村委会与当地政府领导干部;感恩一路走来经历的逆境、炼狱般的痛苦,让我更加坚定行走社区的信念。

姚楠(历史学者,村史采编者):

接到项目统筹的任务,要回顾在红星村做口述史采编的点滴,我翻开了当时的田野笔记。一篇一篇地读下来,回忆也一点一点地鲜活起来,仿佛还能听见最初收到项目团队合作邀约时的怦然心跳。将口述史的专业采集与社区营造结合,形成社区文化行动的成果,想想都觉得跃跃欲试。

记得当初接受任务前,我特意跑到红星村住了几天,请团队的社工伙伴带着我走村子,与村民闲聊,又以志愿者的身份参与了项目团队组织的社区活动,尽量让自己的身体和意识感受这个村庄的氛围以及前线团队的工作状态。考虑到3个月的交稿期限，我与项目点负责人商议后决定，邀请我的伙伴何斯华加入。我俩一同住进红星村，与项目团队同吃、同住、同劳动。

人员到齐后，我们在广州进行了一场双向培训。上半场是绿耕机构负责人介绍以往在云南的村落的社区文化行动实践，下半场是我和斯华培训口述史专业采集的基本操作。这有助于项目团队达成共识并在项目中打好配合：由项目统筹人负责，大家一起讨论、制订框架和大纲，我和斯华负责口述史的采编，社区工作项目的整个团队负责社区文化行动。

在策划和前期采访阶段，我和斯华继续参与到项目的社区服务中。一方面让村民熟悉我们，农村是熟人社会，双方的信任是访谈成败的关键要素；另一方面，我们也在与村民的互动中找寻村史的线索，物色合适的讲述者。

不像以往口述史采集工作那样，完成了就与讲述者分离，驻村的那几个月里，我会在村头巷尾或者某场社区活动中见到采访过的村民，口中很自然地喊出"叔""姨""伯伯""婆婆"——他们就在我的生活中，一切都是进行时，而非完成时。不过终归时间和人力有限，在诸如深度采访的人数、对主题内容的挖掘，以及采集工作与文化行动的结合等方面，还留有很大的进步空间。但"珠海红星村口述史"作为一项持续性的社区文化行动，就在很近的未来，我已看到它不断丰富，进而可以补充现有的文本。

采集工作结束后的这一年半里，只要有机会和时间，我都乐意回红星村走一走。一来和相处过一段时日的伙伴、村民见上一面，二来也能近距离地关注文化行动的进展。2018年2月和10月，我分别见证了"鱼林古法蚝油文化节"、改造后的粮仓村史馆以及村民带领的文化导赏活动，对口述史在社区营造中能生发出什么，有了更多的体悟，心里也为这个南海边陲的工业化村庄以及当地的工作团队默默祝愿。

朱超红（项目社工）：

不管是节庆社区活动，还是长者活动，都为村民提供了一个互相认识、互相交流沟通的平台。本地村民和外来村民都可以在这些活动中尽情去发挥自己的才能，展现自己家乡的文化。在这些活动中，各种文化互相碰撞、互相融合，也恰恰是这些多元文化的存在，造就了一个全新的工业化农村——红星村。

撰写口述史作为一个社区文化的行动研究过程，对整个项目以及团队成员个体来说起到了重要的作用。对整个农村社会工作试点项目来说，在2017年5月一直到2019年1月做"红星村口述史—社区文化行动"的这个过程中，项目工作看到了新的突破口，也重新找到了方向。而对团队成员个人来说，一来通过做口述史，让团队成员更加了解红星村的前世今生，有利于团队成员在村里开展工作；二来通过做口述史，团队成员与村民建立了更加深厚的感情，建立了更加牢固的关系，也有利于成员扎根社区，与村民和谐相处；三来通过社区文化行动，成员可以更加了解整个项目工作展开的方向。总之，撰写口述史作为一个行动研究过程，不管是在项目的进展方面，还是在个人的进步方面，都有不可磨灭的作用。

徐文法（社工，项目主管）：

从在实地做田野观察，到参与口述史工作，从入户安慰受伤老人，到以市场营销理念参与"鱼林古法蚝油文化行动"、社区文化行动，是边做边学的过程。终于，《珠海红星村口述史》要正式出版了，在此有幸小记一段。

如何使过往几代人的东西继续影响后人，应该是口述史工作和社区文化行动下一阶段的重点和难点。社会工作当然是一种社会资源，作为行动者，我深切体会到时间、资金、人力、技术等资源的紧张对行动可能造成的局限。相对而言，社会工作改变社区着实是精耕细作和宏观调控的资源运作的结果。未来有更多资

珠海红星村口述史
——一个南海边陲工业化村庄的变迁

源持续地投入红星村社区文化行动中，是我所期待和关注的。

《珠海红星村口述史》讲述着村里历代先辈和社区长者们的故事。我由此体会到：改变社区的周期，不是一般社会工作项目的"年度"，而应该是"代"。我们可以从《珠海红星村口述史》里看到时代和代际的变迁……但我们还应该看到更新的时代和后代人的故事。这是《珠海红星村口述史》带来的启示：社会工作在红星村，站在现代的节点，做着后（时）代的工作，这是需要多少耐心和资源才能实现的啊！

如果社会工作是有生命的，短暂参与其中的我已经体会到，这生命是多么的"脆弱"。《珠海红星村口述史》当然是难能可贵的成果，仅这一成果的基础就饱含着行动者们无以量化的压力。此书一出，项目团队与外界之间，理解地、积极地在行动上进行互动，应该也是此书所背负的使命。

吴萍（项目社工）：

自己最初加盟项目之时，对作为社区的红星村完全不了解，而后开始的口述史工作，对我而言其实也就是开启了自己对村民、对社区更深的了解的旅程。在这个过程里，我们倾听村民讲述村里过去的故事、他们的劳作和生活；我们也倾听了改革开放后慢慢进入红星村的"新红星人"在这里逐渐扎根下来的经历。在这些鲜活的故事里，我们摸索着红星村的村落脉络。

与此同时，我们也听到了许多来自村民的叹息："现在的人都没什么人情味了，都只看钱。""大家现在都只顾着自己，不关心身边的事情。"既然我们对过去那些美好的生活如此向往，何不现在就行动起来呢？

所以，我们有了村民共同议事，如讨论粮仓改造建设的茶话会，大家在会上各抒己见，场面十分热烈。当时有位村民凑到我耳边说："这就有我们以前开村民大会的样子了。"我们也有实际的行动，比如，村民们一起捐钱、出力，为篮球场增添石椅，为出力的人准备茶点，老中青少齐动员。比如 10 月份在接待"双百计划"伙伴们的培训学习活动中，大家组成一个个小组——厨房小组、导赏小组、讲师小组，在为红星奉献一分力量的同时也展现了自我风采，成就感满满。

我们的队伍越来越壮大，村民们和社工也看到了红星这片土地未来更多的可能性！

符丽君（社工，项目协调者）：

在我看来，这本书除了口述红星村的历史，很重要的一部分是同时记录了改革开放和从预征地到工厂进驻本村以及周边地区以来，大量的外来人口迁入红星村的历史。红星村不仅在经济格局上发生了改变，更明显的是，人口的构成也发生了巨变。现在红星本村户籍人口有 560 名左右，而且部分村民长期在外，外来人口有 300 余人，甚至还有 1983 年分田到户后来到红星村耕田的代耕农，红星村社区居民的地域构成逐渐变得多元化。本书同时记录了这些人在红星村的历史。红星村从一个传统的以农业和渔业为生计来源的村落，演变到以工业发展为生计来源的村落。居住在红星村的人除了本地村民还有外来务工人员，这样的居住格局，本村村民需要适应，远离家乡从外地来到另一个地方工作和生活的人们也面临着挑战。多元文化在红星村并存，这因此也促进了不同地域的人之间的交往和融合。

本书记录红星村的历史，除了能让本村人了解他们的村落为什么会变成这样，并了解外地人的到来带给红星村的影响，也能让外地人知道他们现在大部分时间工作和生活的这个地方和这里的人是怎么样的。这种社区历史和文化的采编、记录、阅读、传播和行动，不仅加深了本村人的社区认同感，更能使外地务工人员了解这个村子，产生归属感。来自不同地域的人共同生活在同一区域，需要从了解到理解，再到实现社区互助、社区参与，最后共建美好社区，共享幸福生活。

李丽英（社工硕士实习生）：

2018年夏天，我在红星村驻村项目组做实习生，红星村也成了我的"第二个家"。在实习期间，我陪伴着两位红星社区导赏员一起成长。刚开始时，大家都觉得村子里没什么特别的地方，不知道该从何说起，但在口述的过程中，导赏员们顺着记忆的藤蔓一点点摸索，挖出了社区里的许多"宝藏"——圣母庙经历数次修缮，不变的是红星人祭祀神明的诚心；村头的古井井水清甜，曾经滋养着村里勤勉劳作的每一户农家；过去的地塘曾晒满金灿灿的稻谷，也是村民孩提时玩耍的乐土……我们一起将这些回忆擦拭磨亮，以社区导赏的方式把这些"宝藏"分享给更多的人。

在导赏的实践中，回忆不仅属于个人，它还成了社区的"宝藏"，每个人都能讲述自己与社区的故事，每个故事都值得被听见，社区的历史因此变得鲜活多元起来。红星的历史也不再局限于地方志里寥寥几笔的官方书写，还融入了大众的声音。社区导赏员经历了"无事可说—寻回记忆—重塑记忆的意义—增强社区认同感"的过程，也变得更加自信，能力得到提升，与社工的关系变得更加紧密。社区导赏行动的开展对村民、对社区都有着重要意义。参与这次行动，担任导赏员的都是土生土长的本地人。在未来，社工如何让更多的"新红星人"参与到导赏行动中来，结合工业化变迁的大背景，从外地人的视角讲述属于他们的故事，让外地人与本地人相互"听见"，让社区历史更加丰富，将是实现社区发展的重要一步。

陈瑶（社工专业实习生）：

因为社工的流动性对青少年主持人培育和青少年社区工作有较大的影响，青少年主持人培育的工作没能持续推进。但总体而言，驻村社工在青少年能力建设、社区关系活化、社区教育方面取得了较好的成效：青少年能在社工的支持下策划并组织社区活动，青少年与青少年之间、社工与青少年之间、社工与青少年家长之间、青少年家长与青少年家长之间的关系得到活化，在社区活动中进行社区教育（公共空间的使用、团队合作氛围、礼仪等），家长能更多地理解社工理念等。相信在未来，红星村的青少年社区工作将更加扎实和成熟。

　　总体而言，如下议题值得驻村社工团队和参与者进一步讨论和解决：①如何让青少年主持人通过主持活动，更深入地参与到社区文化行动之中，并理解社工的初衷；②进一步探索青少年主持人培育的经验，并使之能够支持青少年主持人小组的可持续培育；③如何将社区文化行动以青少年喜闻乐见的方式，融合在公共空间打造、社区活动开展等工作上。

　　让我们继续努力，一起探索吧。

（执笔：万向东、谭水萍、陈曦、姚楠、徐文法、
朱超红、吴萍、李丽英、陈瑶、符丽君）

附　　录

一、红星村大事年表

时间	事件
明代	明代，香山县下属行政区域分为 11 个坊、都，三灶岛属黄梁都；黄梁都辖村 16 个，包括三灶村；三灶地名首见于官方记载
明末及清代	据说，村口筑有 6 个大灶用来煮盐，本村因而名为"六灶村"；清初，香山县下设黄梁都，辖村 196 个，包括三灶、雅墩、新圩、茅田、六灶、沙嘴、黄榄坑、草堂、圣堂、鱼弄等，六灶（今红星村）村名首见于官方文献记载；最初由吴姓、罗姓、黄姓等迁居于此并建村
民国时期	民国二十五年（1936 年）中山县第七区驻雅墩，辖乡 23 个，包括六灶；中山及三灶岛本地开办正式国民学校；至少在 1948 年前，六灶村已经设立了小学，村民中有子弟上小学读书，个别读至小学毕业；和平之后小学建在大岭头，1947 年农历三月毁于"火烧寮"，重建后 1948 年被大雨冲塌，后重建茅屋；1948 年搬迁到旧村场，校址在现在众爱厨房后门的位置，同年又毁于台风，后再次重建茅屋
1938 年	日军登陆并侵占三灶，建机场和海空侵略基地，屠岛烧村，六灶村被日军烧毁；村民外出逃难，多人遭受饥荒或饿毙

续上表

时间	事件
1945年 抗日战争胜利后	日军战败投降,三灶岛回归和平,村民陆续回迁,居住在大岭头一带的山边,搭建茅寮居住
1950年前	约在1947年2月发生火灾,山边大火烧毁整条村的茅寮,4月重新搭建茅寮,并逐步迁回抗日战争前的旧村场;后根据时任保长罗全的提议,将"六灶"改名为"龙塘"
1950年前后	解放军在三灶岛上开荒
1950—1954年	土地改革,开展"八字运动"("清匪反霸,减租退押")
1956年	成立初级社
1957年	成立高级社
1958年	树立社会主义建设总路线、"大跃进"和人民公社"三面红旗";成立三灶人民公社,开始"大跃进"运动;龙塘当时有两个生产队——一队和二队,后来又将龙塘一队、二队合并为龙塘生产队
1958—1961年	设立大饭堂,社员吃大锅饭,其时,龙塘、卫国、前锋一个大队,叫龙塘大队,共用一个大饭堂
1959—1961年	大饥荒
20世纪50年代至70年代	大办民兵师:红星村成立民兵连、民兵排,民兵配发武器,进行真枪实弹训练;枪支由生产队民兵排、民兵连统一保管
1962年	食堂解散,成立鱼林大队龙塘生产队,开始生产队集体生产,实行按劳分配和劳动工分制,回归村民家庭自办伙食
1962年	开放边防,村民可申请往来澳门;有村民外逃澳门和香港;村里民居逐步从泥砖屋改为石头屋

231

续上表

时间	事件
20世纪50年代至90年代	1951年以前的小学由村里请老师，1952年后龙塘小学由政府下派老师；1962年龙塘小学（龙塘馆）建在现粮仓后边；1968年建在榄坑；1969年后建鱼林小学；20世纪90年代有了三灶中心小学
1966年	龙塘村改名为红星生产队
1967年	6名广州知青下放到红星村插队落户
1968年	修建第一座粮仓（今红星村民小组办公室）
20世纪60年代至70年代	生产队可凭贸易证到澳门进行对外贸易；1972年，鱼林大队组织贸易队；1978年之后，社员个人可以申请外贸证
1970—1971年	1970年三灶公社在山上修建水电站，1971年开始晚间限时供电，供电范围覆盖红星村、卫国村、东升村、前锋村、谭家围、月塘、榕树仔和三灶中学
1970—1971年	修建第二座粮仓（后改为加工厂，目前已改建为社区文化活动中心）
1976年	民兵停止经常性的训练，实际上已经解散
1976—1977年	驻守本地的解放军边防部队第四连撤离三灶
1975（1978）年	大电网通电
1979年	通自来水
1981—1982年	分田到户
1982—1983年	掀起建房热潮，修建石米屋（混凝土建筑）
1983—1984年	成立鱼林乡（小乡），隶属三灶镇，后来又改为行政村；第一批代耕农从梅州地区来到红星村代耕；村民自发捐钱重建圣母庙
1988—1989年	开始土地预征，办理土地证；根据珠海市的土地政策，对土地做卫星定位测量

续上表

时间	事件
1995—1996 年	三灶街—卫国村口的水泥路建成
1992—1999 年	1992—1993 年,圣母庙重修扩建;1999 年,再次重修扩建
1993 年	政府开始预征地
1996 年	联邦制药厂作为第一家外资企业进驻鱼林
2002 年	正式开始征地,村中耕地被征收为国有土地
2001—2002 年	2001 年,红星村内修水泥路;2002 年,地塘晒谷场改建为篮球场
2005—2006 年	2005 年 12 月,十届全国人大常委会第十九次会议高票通过,从 2006 年 1 月 1 日起,废止《中华人民共和国农业税条例》,全国停止征收农业税(停止上交公粮),取消统购粮
2009—2012 年	征地修建机场高速公路
2015 年	珠海市禁止养猪
2016—2018 年	2016 年,农村社会工作试点项目落地红星村;2017 年 6 月,开始《珠海红星村口述史》采编和社区文化行动

二、口述人及采访情况汇总表

口述人	年龄	日期	时间	时长/分	主访	随访	受访者身份
李富平	62	2017-06-07	14:10—15:20	70	姚楠	何斯华 吴萍	本地村民 红星村民小组副组长

续上表

口述人	年龄	日期	时间	时长/分	主访	随访	受访者身份
吴楚芳	78	2017-06-10	14:00—15:50	110	何斯华	姚楠 何国荣	本地村民 原红星村民小组组长
何沛良	66	2017-06-14	19:40—21:10	90	姚楠	何斯华 陈曦	本地村民 木匠
何华林	71	2017-06-15	19:25—20:50	85	何斯华	姚楠 陈曦	本地村民 泥瓦匠
何国荣	49	2017-06-17	15:30—16:45	75	何斯华	姚楠 朱超红	本地村民 村委
刘国英	58	2017-06-24	20:30—22:00	90	姚楠	何斯华 何国荣	梅州丰顺人 代耕农
何沛良	66	2017-06-25	19:45—21:50	125	姚楠	何斯华 朱超红	本地村民 木匠
吴华发	83	2017-06-29	8:30—10:00	90	何斯华	姚楠 朱超红	本地村民
郑秋相	67	2017-06-30	16:30—18:40	130	姚楠	何斯华 朱超红 何国荣	梅州丰顺人 代耕农
陆瑞文	62	2017-07-02	20:00—21:45	105	何斯华	姚楠 陈曦	本地村民 泥瓦匠
王定一	70	2017-07-12	15:00—16:30	90	姚楠	何斯华 陈曦	湛江人 原三灶镇党委书记
李锦月	64	2017-07-13	10:15—11:50	95	何斯华	姚楠	本地村民

续上表

口述人	年龄	日期	时间	时长/分	主访	随访	受访者身份
曾彩群	58	2017-07-25	19:00—20:30	90	姚楠	何斯华 朱超红	本地村民 妇女主任
彭秀定	35	2017-07-27	16:30—17:15	45	何斯华	姚楠 朱超红	潮州人
李太适	44	2017-07-30	10:30—11:30	60	姚楠	何斯华 吴萍 朱超红	湛江人
何华林	71	2017-08-01	14:50—16:00	70	何斯华	姚楠	本地村民 泥瓦匠
何国荣	49	2017-08-01	16:22—17:25	63	何斯华	姚楠	本地村民 村委
刘国英	58	2017-08-01	20:00—21:10	70	姚楠	何斯华 吴萍	梅州丰顺人 代耕农
吴华发	83	2017-08-02	8:30—10:00	90	何斯华	姚楠 朱超红	本地村民
吴楚芳	78	2017-08-02	13:39—15:00	81	何斯华	姚楠	本地村民 原红星村民小组组长
何沛良	66	2017-08-02	19:30—21:50	140	姚楠	吴萍	本地村民 木匠
陆瑞文	62	2017-08-02	19:25—20:10	45	何斯华	朱超红	本地村民 泥瓦匠
王定一	70	2017-08-03	11:00—12:00	60	姚楠 万向东	何斯华 陈曦	湛江人 原三灶镇党委书记

续上表

口述人	年龄	日期	时间	时长/分	主访	随访	受访者身份
李富平	62	2017-08-03	15:20—17:20	120	姚楠 万向东	何斯华 陈曦	本地村民 红星村民小组副组长
郑秋相	67	2017-08-04	8:50—10:00	70	姚楠	何斯华	梅州丰顺人 代耕农
何国雄	53	2018-08-01	—	—	徐文法	万向东	本地村民 红星村民小组组长
吴祥发	72	2018-08-01	—	—	万向东	吴萍	本地村民
罗来有	57	2019-01-08	—	—	万向东	徐文法	本地村民 原红星村民小组组长
曾福亮	—	2019-01-08	—	—	万向东	徐文法	澳门居民

三、口述人照片及村景图

红星村部分口述者与参与社区文化行动的社工合影
(前排从左至右：陆瑞文、何沛良、郑秋相、何国雄、吴华发、吴友庆、曾福亮、李富平、罗添福、何超昌。后排从左至右：陈曦、曾彩群、何国荣、罗来有、符丽君、徐文法)

王定一

曾国昌

吴楚芳

珠海红星村口述史
——一个南海边陲工业化村庄的变迁

吴华发　　　　　　　李富平

陆瑞文　　　　　　　罗添福

李锦月　　　　　　　曾彩群

何国雄　　　　　　　何国荣

何沛良

罗来有

郑秋相

刘国英

彭秀定

曾福亮

何华林

李太适

村民的旧房，墙体全部用石料砌筑而成

村里的高楼越来越多

粮仓改造前原貌

粮仓改造后——龙塘文化活动中心

村民志愿者为地塘打造路墩、石桌椅和大圆盘

曾经清亮干净的村边小溪，已被污染

通往机场的高速公路,从村后山上穿山而过

进驻村里的企业

正在建造的村民楼房

编 后 记

《珠海红星村口述史》终于要出版付印了，近两年的辛勤工作终于有了阶段性的重要成果。这对红星社区、鱼林村、三灶镇，对村史的口述者、编者，对作为社区文化行动者的项目社工和各个支持者与支持单位来说，是一件大事、好事，是值得欣慰和纪念的。

在此，作为本书主编，首先需要列出一长串的致谢名单：

感谢红星村各位口述者！你们的回忆和口述，使得构成社区史的红星村过往人物、故事、事件得以重现和保留，使一个微观的农村社区的历史得以成为正式的宏观历史的组成部分并被记载下来。你们的贡献是最基础、最重要的。你们是本书的集体作者，你们的名字将和村史同在。

感谢3年多来一路同行的红星村村民！你们对农村社区营造项目的认可、接纳、参与和支持，是本书得以完成和社区文化行动得以展开和深化的最重要因素！

感谢珠海市金湾区政法委"社会治理创新"专项资金的大力支持！

感谢中共珠海市金湾区委政法委员会书记习恩民先生、副书记周安江先生、副书记罗华平先生和曾颖女士、谭自成先生、于国潞女士、罗雅方女士等人士！感谢三灶镇镇委副书记何伟明先生、三灶镇原党委书记王定一先生！感谢鱼林村党支部书记曾国昌先生和吴洁娣女士、曾银大先生、张凤珍女士、梁济南先生等人士！感谢红星村民小组负责人何国雄先生、李富平先生、何国荣先生！你们对本项目给予了最大的支持、肯定、协助与合作！

感谢红星村农村社区项目的督导张和清教授，感谢参与口述史工作的所有同人！正是我们大家的共同努力，才使这部口述史能够最终完成。

最后，还要感谢中山大学社会学与人类学学院以及社会学系的大力支持，使本书有机会出版。同时，还要感谢中山大学出版社以及本书责任编辑对本书出版工作的大力支持和辛勤编校！

另外，关于本书的编写情况，也需要做一些说明。

第一，关于史学作品的完整性、系统性问题。

作为农村社区口述史的探索，除了"大历史"或"正史"的编纂叙事之外，我们更看重微观的农村社区与普通村民生产劳动和日常生活中的记忆体验，祖辈迁徙开垦、安居乐业、传宗接代，以及在战乱和灾祸中不屈不挠、坚韧生存的口口相传的故事。我们觉得，祖辈的故事早已成为远去的传说，村民的经历也多已成为记忆中的"曾经"。许多人物和事件传说在时光的"风化"中大多遭到了损毁、流失，直至完全被遗忘，尚存的记忆是不完整的、有缺失的和断断续续的。但我们能够通过个别和集体的回忆、口述，一方面针对村史进行"抢救"式挖掘以及有意识的记录和保留；另一方面，这样的记录也会再现"大历史"之外（之中）的人民"小历史"。事实上，这些"小历史"能够更加生动真切地重现村庄社区和村民祖辈勤劳勇敢、艰苦奋斗、筚路蓝缕、建设发展的完整性、系统性的历史进程。

第二，关于作为一种正式出版物的言语严肃性和规范性问题。

在本书最后一章中，我们回顾了关于这一议题的学术观点：历史从来都不只是帝王将相的历史，人民群众的历史同样值得挖掘、记录并进行系统整理和传播。在学术上，口述史正是要"用人民自己的语言"使历史回归于人民。要让人民拥有话语表达权，回归历史创造者的位置，用人民自己的语言去阐述、建构、书写历史。它在展现过去的同时，也帮助人民自己动手去构建自己的未来。因而可以说，"人民性"和"社会性"是口述史最为显著的特征之一,它把更多的目光投向了人民群众。

与"大历史"相比,"小历史"更加日常生活化,更加"接地气"。口述史作为"小历史"挖掘、整理、呈现的范式,其严肃性、规范性和学术性不仅表现在具体的实操方法上,更从方法论的层面凸显口述历史的学术价值——作为集体记忆的口述历史,旨在再现大时代背景下人民群众生产、生活形态的独特性和主观能动性①。

因此,在叙事和陈述的方式上,为了保证原汁原味,我们刻意保留了村民口述的原始面貌。对口述者以及姓氏族谱和其他实录中的方言、口语、语法、语义等,我们坚持忠实地记录"地方性表达",尽可能尊重村民的"通顺"习惯,这正好体现了口述历史的"民间意味"。也许在阳春白雪的人看来不太明白的"地方性知识",在村民自己眼中则非常通顺而亲切。

另外,我们在偏重史料发掘之余也做了必要的整理和校核,使之能与规范的叙述接轨。在文本书写方面,凡属口述者的原话,我们都统一用同一种字体编排,严格限定在原始记录的范围内,必要时再加以注释或解读式的补充编写。

第三,关于口述史和社区文化行动。

口述史书写及出版工作是绿耕珠海红星村社区发展项目"社区文化行动"的重要内容。我们试图将村史的发掘、记录、编辑、整理、出版等工作融入社区动员、组织、参与、能力建设与社区发展的整个过程中。因此,村史不仅是一种历史意义上的记录和保留,更有利于当下的社区居民,特别是青少年对社区文化传统的传播、传承。

因此,在本书的最后一章,我们将口述文化行动者从"幕后"置于"前台",完整地呈现村史文化行动的过程。我们相

---

① [英]保尔·汤普逊:《过去的声音——口述史》,覃方明等译,辽宁教育出版社2000年版。

信,通过这样的文化行动,不仅将处于工业化、城市化、市场化、现代化和全球化变迁中的社区人和社区文化生活再现出来,而且使人们从容面对当下的急剧变迁,以一种更为自觉,更为多样性,更能连接过去、现在与未来的方式来行动和表达,使人们更加自信地迈向美好社区幸福生活。

作为一种对农村社区口述史的探索,我们深知,本书存在许多不成熟、不专业、不完整的地方,甚至存在各种缺陷和错误。我们承认自己的能力有限,也希望今后还有机会收集更多的资料,至少能在社区文化行动中做出补充、修订和改正。倘能如此,则因了这种抛砖引玉之功效,我们自身能力不足所导致的自责应能稍有减轻。我们诚挚地期盼和欢迎各界人士对本书的所有方面提出批评、指导和修改建议。

谨此为记,感谢所有应该感谢的人和事!

万向东

2019年6月16日于广州南沙